365 Tipps für einen schönen Tag in Braunschweig, Wolfsburg, Wolfenbüttel und Umgebung

Axel Klingenberg

Ellert & Richter Verlag

Inhalt

Vorwort

Liebe Leserinnen, liebe Leser!

Für dieses Buch bin ich gewandert und geklettert, bin Schlittschuh, Skateboard und Mountainbike gefahren, habe bei 80 Grad geschwitzt und bin bei 17 Grad durch einen Badesee geschwommen. Außerdem lieferte ich mir eine wüste Schießerei mit Laserwaffen und musste aus einem tiefen Verlies ausbrechen. Dazu kommt der Besuch von Punk- und Klassik-Konzerten, von Schlössern und Burgen, von Mühlen und Kirchen, von Fußball-, Football-, Basketball- und Eishockeyspielen, von Museen und Kneipen, von Friedhöfen, Naturschutzgebieten und Tierparks. Sogar Türme habe ich für Sie erklommen. Und das mit meiner ausgeprägten Höhenangst!
Zur Belohnung für all diese Mühen habe ich mir hausgemachten Kuchen und handgebrautes Bier gegönnt, habe also Kneipen, Cafés und Clubs besucht.
Kurzum: Ich habe für Sie das ganze Braunschweiger Land zwischen Wolfsburg und Wolfenbüttel, zwischen Salzgitter, Peine und Helmstedt durchforstet, immer auf der Suche nach neuen interessanten Sehenswürdigkeiten, aufregenden Events und kulinarischen Köstlichkeiten. Bei letzteren war es mir wichtig, auch Tipps für Menschen zu finden, die sich vegetarisch ernähren. Und die meisten Orte, die ich besucht habe, sind auch mit öffentlichen Verkehrsmitteln zu erreichen. Damit niemand ausgeschlossen ist von all den tollen Dingen, die es in dieser wunderschönen und abwechslungsreichen Region zu erleben gibt!
Wenn Sie weitere Tipps und neue Informationen für mich haben, wäre ich dankbar für sachdienliche Hinweise. Sie erreichen mich über meine Homepage: www.axel-klingenberg.de. Auch für Lesungen und literarische Führungen stehe ich gerne zur Verfügung. Ich freue mich auf Sie und wünschen Ihnen viel Vergnügen beim Erkunden der Region zwischen Oker und Aller!

Ihr Axel Klingenberg

Braunschweig – Innenstadt

1 **Entdecken**
Innenstadt

Der Ursprung der Stadt

Seit 1166 wacht er hier im Zentrum der Stadt, der Braunschweiger Löwe. Na ja, eigentlich lässt er sich durch eine Kopie vertreten. Das Original steht nämlich in der Burg Dankwarderode, in der auch die Mittelalterabteilung des Herzog Anton Ulrich-Museums untergebracht ist. Ein weiteres Kleinod ist der Kaisermantel von Otto IV. Bei dem Gebäude handelt es sich übrigens um eine Rekonstruktion, die Ende des 19./Anfang des 20. Jahrhunderts geschaffen wurde. Am Burgplatz finden Sie außerdem den berühmten Dom, das Braunschweigische Landesmuseum, das Veltheimsche Haus aus dem Jahre 1573 (das heute von der Handwerkskammer genutzt wird) sowie das Huneborstelsche Haus aus dem Jahre 1524. Nicht zu vergessen das exzellente italienische Restaurant Al Duomo mit seiner Außenterrasse! Und den Weihnachtsmarkt, der mit Sicherheit einer der stimmungsvollsten in ganz Deutschland ist! Und den Mittelaltermarkt, über den sich das gleiche sagen lässt! Und die sommerlichen Open-Air-Aufführungen des Braun-

schweiger Staatstheaters!
Das Antiquariat, das sich an die Mauern der Burg schmiegt, gilt übrigens als das kleinste Deutschlands. Ein weiteres empfehlenswertes Geschäft ist die Papterie Papyrus (Vor der Burg 1). Hilfreich für alle Neuankömmlinge ist natürlich auch die Touristeninfo (Kleine Burg 14).

Burg Dankwarderode
Burgplatz
38100 Braunschweig
www.braunschweig.de
Anfahrt: Haltestelle Rathaus

2 Entdecken
Innenstadt

Heilige Halle
Der Dom ist neben der Burg Dankwarderode das beherrschende Gebäude des Burgplatzes. Die Innenarchitektur zeichnet sich durch wunderschöne Schlichtheit aus und ermöglicht es den Veranstaltungen, die darin stattfinden, aus sich selbst heraus zu wirken. Auch eine Besichtigung des Doms lohnt sich natürlich, insbesondere der Besuch der Krypta. Unter dieser gruben die Nazis nämlich eine beeindruckende Gruft für Heinrich den Löwen (um 1129 oder 1134–1195) und seine zweite Frau Mathilde (um 1156–1189). An den vier Seiten des fast quadratischen Raumes sind die Wappen von Braunschweig und von drei Städten zu sehen, die Heinrich gegründet hat: München, Lübeck und Lüneburg. Besonders einladend ist aber auch der kleine Bereich im Hauptraum des Doms, in dem man Gedenkkerzen entzünden kann.

Dom St. Blasii
Domplatz
38100 Braunschweig
www.braunschweigerdom.de
tgl. 10–17 Uhr, zwischen Anfang Januar und Mitte März ist der Dom von 13–15 Uhr geschlossen
Anfahrt: Haltestelle Rathaus

3 Entdecken
Innenstadt

Landesgeschichte leicht gemacht

Warum hat Braunschweig eigentlich ein *Braunschweigisches* Landesmuseum? Und müsste es nicht *Niedersächsisches* Landesmuseum heißen? Die Antwort: Weil Braunschweig jahrhundertelang eine unabhängiger Staat war und auch im Kaiserreich, in der Weimarer Republik und in Nazideutschland verwaltungstechnisch selbstständig war – also bis zur Gründung der Bundesrepublik, als Braunschweig, Hannover, Oldenburg und Schaumburg-Lippe zum Bundesland Niedersachsen vereinigt wurden. Einige Institutionen und Privilegien blieben den Braunschweigern jedoch erhalten. Unter anderem eben das Landesmuseum, das heutzutage vor allem durch großangelegte Sonderausstellungen zu überzeugen weiß, aber natürlich auch eine Dauerausstellung mit interessanten Exponaten zur Landesgeschichte zeigt. Für Eltern ist natürlich das integrierte Kindermuseum von besonderem Interesse. Hier können die Kleinen unbeschwert und am Wochenende sogar betreut spielen.

Braunschweigisches Landesmuseum
Burgplatz 1
38100 Braunschweig
T. 0531 121 50
www.3landesmuseen.de
Di–So 10–17 Uhr, jeder erste Di im Monat 10–20 Uhr
Anfahrt: Haltestelle Rathaus

4 Entdecken
Innenstadt

Ein Denkmal, nicht nur für Christen

Was für ein Unterfangen! Jürgen Weber, mittlerweile verstorbener Bildhauer und Professor an der TU Braunschweig, hatte die Aufgabe, die gesamte Geschichte des Christentums in einem einzigen Denkmal darzustellen. Achteinhalb Meter hoch ist die Säule „2000 Jahre Christentum" geworden und steht mitten in der Braunschweiger Innenstadt, an exponierter Stelle vor der Burg Dankwarderode. Themen sind zum Beispiel die Geburt und die Kreuzigung Jesu, die Christenverfolgung im Römischen Reich und die Eroberung (oder – je nach Sichtweise – Befreiung) Jerusalems durch die Kreuzritter. Nicht zu vergessen die Veröffentlichung der 95 Thesen durch Martin Luther. Ganz oben sieht man die religiösen Symbole Kreuz, Halbmond und Davidstern, verdeckt durch den Rauch der Anschläge auf das World Trade Center. Um die Details auch in den oberen „Stockwerken" erkennen zu können, empfiehlt sich die Benutzung der Fernrohre in der Nähe!

Denkmal „2000 Jahre Christentum"
Ruhfäutchenplatz
38100 Braunschweig
Anfahrt: Haltestelle Rathaus

5 Entdecken Innenstadt

Ein erster Überblick

Braunschweig war bis ins 20. Jahrhundert hinein ein Herzogtum – aber die Braunschweiger Bürgerschaft der Handels- und Hansestadt zeichnete sich auch immer durch ein großes Selbstbewusstsein aus. Davon zeugen zum Beispiel das Altstadtrat-

haus am Altstadtmarkt, aber auch das heutige Rathaus, dessen Eingangsbereich einen Einblick in die Braunschweiger Geschichte (unter anderem sind hier die Braunschweiger Originale zu sehen) gewährt. Auch der Sitzungssaal ist öffentlich zugänglich. Und natürlich der Rathausturm, von dem aus man sich einen Überblick über die Stadt verschaffen kann. Sehr sehenswert!

Rathaus Braunschweig
Platz der Deutschen Einheit 1
38100 Braunschweig
T. 0531 4701
www.braunschweig.de
Turmbesteigung: Mo–Fr 9–15 Uhr
Anfahrt: Haltestelle Rathaus

6 Entdecken
Innenstadt

Geteiltes Leid

Ein echtes Stück Berliner Mauer – mit Original-Graffiti natürlich – erinnert auf dem Platz der Deutschen Einheit vor dem Rathaus an die deutsche Teilung und Wiedervereinigung 1990.

Berliner Mauer

Platz der Deutschen Einheit
www.braunschweig.de
Anfahrt: Haltestelle Rathaus

7 Genießen
Innenstadt

Körperkleidung

Bodypiercing, Tattoos, Schmuck und Klamotten – ein cooler Laden zum Stöbern für junge und junggebliebene Leute, die sich nicht mit dem Kram von der Stange zufriedengeben wollen.

Zone

Langerhof 2e
38100 Braunschweig
T. 0531 166 36
www.zone38.de
Mo–Sa 11–19 Uhr
Anfahrt: Haltestelle Rathaus

8 Genießen
Innenstadt

Für Braunschweig-Fans

Bei T-Shirt Meyne gibt es alles Mögliche, sogar T-Shirts – die man sich hier sogar selber bedrucken lassen kann. Aber vor allen Dingen gibt es hier hippe Kleidungsstücke für alle, die sich mit Braunschweiger Motiven schmücken wollen: Pullover, Hemden, Taschen. Für das etwas andere Andenken.

T-Shirt Meyne

Langer Hof 6–8
38100 Braunschweig
T. 0531 154 38
www.t-shirt-meyne.de
Mo–Fr 10.30–18 Uhr, Sa 10.30–17 Uhr
Anfahrt: Haltestelle Rathaus

9 Genießen
Innenstadt

Von der Hand in den Mund

Handwerklich gebrautes Bier liegt voll im Trend – die Leute haben genug von dem ewig gleichen Geschmack der sich immer mehr angleichenden industriell produzierten Gerstensäfte. Anhänger dieser Welle kommen hier voll auf ihre Kosten und können 24 wechselnde Craft-Biere aus der Zapfanlage und mehr als 50 Flaschenbiere genießen!

craft bier bar
Steinweg 34
38100 Braunschweig
T. 0511 357 17 51
www.craftbierbar.de/braunschweig
Di–Sa 17–1 Uhr
Anfahrt: Haltestelle Rathaus

10 Entdecken Innenstadt

Für Kulturfans

Braunschweig ist eine Theaterstadt – und das seit 1690, als Herzog Anton Ulrich das Opernhaus am Hagenmarkt eröffnete. Unter anderem wurden in Braunschweig Goethes Faust und Lessings Emilia Galotti uraufgeführt. Das Programm des heutigen Staatstheaters ist unglaublich vielfältig. Es umfasst Schauspiel, Musiktheater, Tanz, Jugend- und Kindertheater sowie Aufführungen des Staatsorchesters Braunschweig. Neben dem Großen Haus ist das benachbarte Kleine Haus (Magnitorwall 18) die wichtigste Spielstätte. Hier findet alljährlich im Herbst im Rahmen der Verleihung des Wilhelm Raabe-Literaturpreises die Lange Nacht der Literatur statt.

Staatstheater Braunschweig
Am Theater
38100 Braunschweig
T. 0531 123 40
www.staatstheater-braunschweig.de
Anfahrt: Haltestelle Staatstheater

11 Erleben
Innenstadt

Laufen lassen

Was machen, wenn man nach einer durchzechten Nacht durch Braunschweig irrt und dringend mal muss? Sich einfach an einen Baum stellen darf man nicht mehr, das kostet Bußgeld. Und die Kneipen haben auch schon zu, deswegen befindet man sich ja auf dem Nachhauseweg. Und für die wenigen öffentlichen Toiletten hat man kein Kleingeld mehr. Wie gut, dass es da die beiden Pissoirs am Theater und Am Fallersleber Tore gibt. Errichtet wurden sie schon gegen Ende des vorletzten Jahrhunderts nach dem Vorbild der brandneuen Pariser Bedürfnisanstalten. Vor einigen Jahren drohten sie abgerissen zu werden, doch die Stadtverwaltung entschloss sich, zwei von ihnen zu erhalten. Als Denkmal, aber wohl auch aus ganz praktischen Erwägungen heraus. Der Damenwelt ist damit übrigens nicht geholfen.

Pissoirs
Am Theater und Am Fallersleber Tore
38100 Braunschweig
Anfahrt: Haltestellen Staatstheater (für Pissoir Am Theater) und Botanischer Garten (für Pissoir Am Fallersleber Tore)

12 Entdecken
Innenstadt

Vier Pferde auf dem Einkaufstempel

Das Braunschweiger Residenzschloss – ein unendliche Geschichte. Einst errichtet, um den renitenten Braunschweiger Bürgern zu zeigen, dass das Herrscherhaus der Welfen Teil der Stadt Braunschweig ist, hat es eine wechselvolle Geschichte hinter sich. Hier unterschrieb 1918 der Braunschweiger Herzog seine Abdankung, danach wurde es von der sozialdemokratischen Stadtverwaltung genutzt, unter anderem als Museum. Es folgte die Verwendung als Folterstätte und als SS-Junkerschule durch die Nazis. Im Zweiten Weltkrieg wurde das Schloss in den Bombennächten so stark beschädigt, dass es schließlich, nach einem knappen Mehrheitsbeschluss des Stadtrats, 1960 abgerissen wurde. An seiner Stelle befand sich danach einige Jahrzehnte lang der

Schlosspark, der als öffentlicher Park genutzt wurde. Unter dem als sehr konservativ geltenden Oberbürgermeister Hoffmann wurde es jedoch wieder aufgebaut – beziehungsweise mit Hilfe von 600 Originalteilen eine Rekonstruktion versucht, die von manchen Braunschweigern immer noch abschätzig als „Vorhänge-Schloss" bezeichnet wird, zudem in diesem Zuge auch gleich ein riesiges und mittlerweile auch stark frequentiertes Einkaufszentrum gebaut wurde – die „Schlossarkaden" (also known as „Schlossattrappen"). Ganz oben auf dem Schloss thront eine Quadriga, die die Schutzpatronin der Stadt zeigt, die Brunonia (deren Name auf den mythischen Gründer der Okersiedlung, einen gewissen Bruno, Bezug nimmt), samt ihrer vier Pferde. Von der Aussichtsplattform unter ihr – das Betreten kostet Eintritt – hat man einen sehr schönen Blick auf die Stadt und das Umland. Manchmal sogar bis zum Harz und den Brocken! Neben der Aussicht vom Rathausturm und dem Turm der St. Andreas-Kirche ist das der vielleicht schönste Ausblick auf das Braunschweiger Land – zumindest von einem Gebäude in der Innenstadt.

Quadriga
Zugang über Schlossplatz 1
38100 Braunschweig
www.braunschweig.de
Oktober bis März tgl. 10–16 Uhr, April bis September tgl. 10–20 Uhr
Anfahrt: Haltestellen Schloss und Rathaus

13 Entdecken
Innenstadt

Fürstliches Museum

Eines der kleinsten Braunschweiger Museen, aber trotzdem sehr sehenswert: das wirklich sehr hübsche Schlossmuseum, in dem man sich über die Geschichte des Gebäudes und der Welfen informieren kann.

Schlossmuseum
Schlossplatz 1
38100 Braunschweig
T. 0531 470 48 76
www.schlossmuseum-braunschweig.de
Di, Do–So 10–17 Uhr, Mi 13–20 Uhr
Anfahrt: Haltestelle Schloss und Rathaus

14 Erleben
Innenstadt

Erlesene Unterhaltung

Die Stadtbibliothek ist wirklich großartig! Hier finden Sie Hunderttausende Bücher, Hörbücher, Filme, CDs, Spiele und sogar Kunstwerke, die Sie sich ausleihen können. Großzügig geschnitten wissen auch die Räumlichkeiten im Südflügel der

Schlossrekonstruktion voll zu überzeugen. Hier geht man gerne hin und hier hält man sich gerne auf!

Stadtbibliothek Braunschweig
Schlossplatz 2
38100 Braunschweig
T. 0531 470 68 35
www.braunschweig.de/bibliothek
Mo–Fr 10–19 Uhr, Sa 10–14 Uhr
Anfahrt: Haltestellen Schloss und Rathaus

15 Erleben
Innenstadt

Herzoglicher Genuss
Der Rote Saal im Schloss ist ein städtischer Veranstaltungsraum, in dem Lesungen, Talkshows, Filmaufführungen, Poetry Slams und vieles mehr stattfinden. Stimmungsvoll, charmant, sehenswert.

Roter Saal
Schlossplatz 1
38100 Braunschweig
T. 0531 470 48 61
www.braunschweig.de/roter-saal
Anfahrt: Haltestellen Schloss und Rathaus

16 Genießen
Innenstadt

Bier und Spiele
Das Lindi ist eine Traditionskneipe für Braunschweiger im Allgemeinen und für Eintracht-Fans im Besonderen. Aber natürlich sind hier auch alle anderen Menschen herzlich willkommen!

Lindi
Bohlweg 22
38100 Braunschweig
T. 0531 410 11
Mo–Do 9.30–1 Uhr, Fr–Sa 9.30–2 Uhr, So 9.30–0 Uhr
Anfahrt: Haltestellen Rathaus und Schloss

17 Genießen
Innenstadt

Heimat, süße Heimat!
Der Laden in Braunschweig für handgefertigte Produkte und Spezialitäten. Am liebsten natürlich regional. Tee und Kaffee kann man sogar gleich vor Ort verköstigen.

Heimatrausch
Schlosspassage 26
38100 Braunschweig
T. 0531 38 99 96 62
www.heimatrausch.biz
Mo–Fr 11–19 Uhr, Sa 11–18 Uhr
Anfahrt: Haltestelle Schloss

18 Genießen
Innenstadt

Große weite Welt

In Braunschweig wird dieser Laden nur „beim Afghanen“ genannt. Hier gibt es Schmuck, Kerzen, Kunsthandwerkliches, Teppiche, Einrichtungsgegenstände, Buddha-Figuren ... Alles und nichts. Und damit ist das Geschäft immer einen Besuch wert!

Afghan Warehouse
Waisenhausdamm 4
38100 Braunschweig
T. 0531 495 01
Mo–Fr 10–18.30 Uhr, Sa 10–18 Uhr
Anfahrt: Haltestelle Schloss

19 Genießen
Innenstadt

Hip Hip Hurra

Noch so ein unverzichtbarer Laden, weil er mehr bietet als die üblichen Ketten. Hier gibt's Jugendmode und Trendsportkleidung.

No Limits Store
Münzstraße 5
38100 Braunschweig
T. 0531 31 75 62 34
Mo–Sa 11–19 Uhr
Anfahrt: Haltestelle Münzstraße

20 Entdecken
Innenstadt

Kulturkampf

Die Löwenköpfe auf dem Burg- und auf dem Domplatz, der Heinrichsbrunnen am Hagenmarkt und der Brunnen zwischen dem Kleinen Haus des Staatstheaters und den Schloss-Arkaden, das Bugenhagen-Denkmal und die Reiterstandbilder vor dem Schloss, die Katzenbalgen und der Kragenbär, das Besen- und das Fischmännchen, die Thüringer und die Braunschweiger Venus, „Die Kauernde“ und „Die Trauernde“, die „Liebe zum Vollmond“ und der „Bogen der Erinnerung“, „Die große Verweigerung“ und die „Befreiung des Menschen aus starren Bindungen und Normen“, ZIKZAK und der Oktaeder-Kubus, „Simson himmelwärts“ und „Jakob A.T.“ – Braunschweig ist voll mit Denkmälern und Standbildern, bei denen schon allein ihre Bezeichnungen von der großen Fantasie ihrer Schöpfer zeugen. Eines der beliebtesten Kunstwerke ist sicherlich der Ringerbrunnen von Jürgen Weber, den der streitbare Braunschweiger Bildhauer und Hochschullehrer nutzte, um sich an seinen Kritikern zu rächen. Er verewigte sie auf dem Hosenboden des Riesen Antaios, der von dem griechischen Sagenhelden Herakles besiegt wird. Dessen Trikot wiederum wird vom ruhmreichen Namen des Künstlers verziert. In aller Bescheidenheit natürlich.

Ringerbrunnen
Sack/Ecke Schuhstraße
38100 Braunschweig
Anfahrt: Haltestelle Rathaus

21 Entdecken
Innenstadt

Kunst trifft Pop

Braunschweig ist eine Stadt der Galerien. Eine der wichtigsten und umtriebigsten (siehe Happy Rizzi House, S. 42) ist die Galerie Jaeschke, im Herzen der Stadt und am Puls der Zeit.

Galerie Jaeschke
Schuhstraße 42
38100 Braunschweig
T. 0531 124 31 20
www.galerie-jaeschke.de
Mo–Fr 10–19 Uhr, Sa 10–17 Uhr

22 Entdecken
Innenstadt

Gleitzeit

Der Kohlmarkt ist einer der zentralen Plätze in der Braunschweiger City und wird doch gerne ein wenig unterschätzt, dabei hat er nicht nur eine ganze Anzahl netter Cafés mit vielen Außensitzplätzen zu bieten, sondern auch eine Reihe von schönen Veranstaltungen, von denen vielleicht der Eiszauber die wichtigste ist. Dann kann man nämlich mitten in der Innenstadt Schlittschuhlaufen und danach eine schmackhafte heiße Suppe essen!

Kohlmarkt
38100 Braunschweig
www.eiszauber-braunschweig.de
Anfahrt: Haltestellen Friedrich-Wilhelm-Straße und Altstadtmarkt

23 Genießen
Innenstadt

Not bored

Der Name sagt es schon. Der Laden ist ein Fachgeschäft für Skateboarder. Und für Leute, die einfach auf coole Klamotten stehen.

Boardjunkies
Damm 18
38100 Braunschweig
T. 0531 481 16 37
www.boardjunkies.de
Mo–Sa 11–19 Uhr
Anfahrt: Haltestelle Friedrich-Wilhelm-Platz

24 Genießen
Innenstadt

Klein-Italien

La Vigna, ganz in der Nähe des Kohlmarkts, ist nicht nur ein gemütliches Bistro mit wunderschönem Innenhof, in dem erlesene Weine, kleine Speisen und wechselnde Wochengerichte kredenzt werden, sondern auch ein Fachgeschäft für italienische Lebensmittel.

La Vigna
Ziegenmarkt 3
38100 Braunschweig
T. 0531 12 52 13
www.la-vigna.de
Mo 10.30–22 Uhr, Di–Fr 10.30–23 Uhr, Sa 10–23 Uhr
Anfahrt: Haltestelle Friedrich-Wilhelm-Platz

25 Entdecken
Innenstadt

Jüdisches Leben in Braunschweig

Constantin Uhde, einer der wichtigsten Braunschweiger Baumeister, errichtete in den Jahren 1873 bis 1875 die neue, im maurischen Stil gehaltene Synagoge und das dazugehörige Gemeindehaus. Dass die jüdische Gemeinde sich öffentlich präsentierte, darf als Anzeichen für die erhoffte Anerkennung durch die christliche Mehrheitsgesellschaft gesehen werden. Die Pogromnacht 1938, in der die Synagoge überfallen und geschändet wurde, zeigte, wie trügerisch das war. 1940 wurde sie abgebrochen. Die Auslöschung des Judentums zeigte sich auch durch bauliche Lücken im Stadtbild. Nach dem Zweiten Weltkrieg wurde die Jüdische Gemeinde neu gegründet und errichtete in ihrem Gemeindehaus einen Synagogensaal, der im Jahr 2006 durch einen Neubau im Innenhof ersetzt wurde.

Jüdisches Gemeindehaus
Steinstraße 4
38100 Braunschweig
Besichtigung nach Anmeldung: T. 0531 455 36
Anfahrt: Haltestelle Friedrich-Wilhelm-Platz

26 Entdecken
Innenstadt

Der Schutzraum für das Buch der Bücher

Die Jakob-Kemenate beherbergt eine der interessantesten „Büchereien“ im Braunschweiger Land. Es gibt hier im Grunde nämlich nur ein einziges Buch. Beziehungsweise *das* Buch. Nämlich das Buch der Bücher: die Bibel. Man muss dazu eine ziemlich steile Treppe erklimmen, wird dann aber mit einer reichen Sammlung an Bibeln in diversen Sprachen und Varianten belohnt, darunter auch viele (gespendete) Haus- und Familienbibeln. Daneben gibt es noch diverse

Gesangs- und Andachtsbücher. Passend dazu werden in der Dauerausstellung in der Kemenate Kunstwerke gezeigt, in denen es um ein biblisches Thema geht: um das letzte Abendmahl. Die Jakob-Kemenate gilt übrigens als eines der ältesten Gebäude der Stadt und wurde wahrscheinlich schon im 13. Jahrhundert errichtet. Sie wurde nach der Jakob-Kirche benannt (die es heute nicht mehr gibt) und diente als Rückzugsort bei Feuer (wichtig bei den vielen Fachwerkbauten drumherum) und Angriffen (wichtig bei den vielen feindlichen Heeren drumherum) beziehungsweise als Wohn- und Speicherraum (immer wichtig). Heute finden hier tolle Kunstausstellungen und kleine Konzerte statt. Die Architektur – mittelalterlicher Stein in Kombination mit postmodernem Corten-Stahl – bietet für kulturelle Veranstaltungen ein äußerst reizvolles Ambiente. Und der Hof vor der Kemenate ist besonders im Sommer sehr schön und idyllisch. Im Grunde genommen dient die Kemenate auch heute wieder als eine Art Schutzraum – nämlich für alle Menschen, die ein wenig Ruhe brauchen vor der Hektik der Großstadt.

Jakob-Kemenate
Eiermarkt 1a
38100 Braunschweig
T. 05306 95 95 26
www.jakobkemenate.de
Mo–Sa 10–17 Uhr, So 12–17 Uhr
Anfahrt: Haltestelle Altstadtmarkt

27 Genießen
Innenstadt

Frisch vom Markt

Der Altstadtmarkt ist – neben dem Burgplatz und Kohlmarkt – einer der wichtigsten und traditionsreichsten innerstädtischen Plätze, der aufgrund seines altertümlichen Äußeren auch schon das ein oder andere Mal als Filmkulisse dienen durfte, unter anderem für den Film „Der ganz große Traum“, in dem Daniel Brühl den Braunschweiger Lehrer und Fußballpionier Konrad Koch spielt. Hier befinden sich das Altstadtrathaus, das Gewandhaus und die Martinikirche. Und zweimal die Woche ist hier Markt. Die wunderschöne Kulisse machen das Bummeln über ihn zu einem ganz besonderen Erlebnis. Und etwas zu naschen fällt auch noch dabei ab.

Wochenmarkt auf dem Altstadtmarkt
Altstadtmarkt
38100 Braunschweig
Mi 8–13 Uhr, Sa 8–13 Uhr
Anfahrt: Haltestelle Altstadtmarkt

28 Genießen
Innenstadt

Grüne Insel in Braunschweig

Irische Pubs gibt es mehrere in Braunschweig, die auch durch die Bank alle zu empfehlen sind. Der älteste ist The Wild Geese. Er bietet ein sattes Rahmenprogramm aus Live-Musik sowie Quiz- und Karaoke-Abenden. Zentral in der Nähe des Altstadtmarktes gelegen, kann man beim Hauptsponsor der Rugby-Welfen Stouts, Ales, Pilsener, Ciders, Whisk(e)ys und Burger genießen.

The Wild Geese
Gördelingerstraße 49
38100 Braunschweig
T. 0531 449 34
www.wildgeese.de/braunschweig
Mo–Do 17–1 Uhr, Fr–Sa 17–2 Uhr
Anfahrt: Haltestelle Altstadtmarkt

29 Entdecken
Innenstadt

Hörbar

Vinyl-Schallplatten feiern gerade ein rauschendes Comeback. Bei Raute Records gibt's sowohl neue als auch gebrauchte. Von Fans, für Fans!

Raute Records
Sonnenstraße 9d
38100 Braunschweig
T. 0531 619 90 80
www.rauterecords.de
Di–Fr 11–19 Uhr, Sa 11–16 Uhr
Anfahrt: Haltestelle Güldenstraße

30 Erleben
Innenstadt

Shoppen und Chillen

Die Schloss-Arkaden sind unbestritten Braunschweigs größte Einkaufszeile, aber der Handelsweg ist mit Sicherheit die schönste! Als Dreh- und Angelpunkt darf man wohl das vegane und vegetarische Café Riptide ansehen, das gleichzeitig auch ein Plattenladen und ein Veranstaltungsort für Lesungen und Clubkonzerte ist. Weitere Highlights sind der herrlich chaotische Spieleladen Comiculture, das geschmackvolle Second-Hand-Geschäft Fifty Fifty, die kleine und feine Galerie einRaum5-7 sowie die urigen Bierkneipen Tante Puttchen und Strohpinte. Nicht zu vergessen das Antiquariat und ... Ach, eigentlich ist dort alles sehens- und unterstützenswert. Und einmal im Jahr gibt es ein Straßenfest, den Sedan Bazar, bei dem alle gemeinsam feiern.

Handelsweg
38100 Braunschweig
Anfahrt: Haltestelle Altstadtmarkt

31 Erleben
Innenstadt

Volles Haus, volles Programm

Die Komödie am Altstadtmarkt bietet populäres (Boulevard-) Theater und ist nicht selten ausverkauft. Ein Theater (nicht nur) für die ältere Generation!

Komödie am Altstadtmarkt
Gördelingerstraße 7
38100 Braunschweig
T. 0531 121 86 80
www.komoedie-am-altstadtmarkt.de
Anfahrt: Haltestelle Altstadtmarkt

32 Erleben
Innenstadt

Es ist Weihnacht in Brunswiek

Christian Eitner ist nicht nur der Chef der Braunschweiger Haus- und Hofband Jazzkantine, sondern auch ein engagierter Theatermacher, der unter anderem schon am Staatstheater inszeniert hat. Mit dem Wintertheater, das in einem warmen Zelt am Eiermarkt sein Domizil gefunden hat, wunderschön gelegen zwischen der Martinikirche und dem imposanten Gebäude des Amtsgerichts, hat er sich als Künstlerischer Leiter sein eigenes kleines Theater geschaffen, in dem alljährlich „Die Braunschweiger Weihnachtsgeschichte“ (beziehungsweise „Die Braunschweiger Kinderweihnachtsgeschichte“) inszeniert wird. Weitere Tanz- und Musiktheater-Aufführungen ergänzen das Programm. Nicht zu vergessen: das alle Jahre wieder stattfindende Weihnachtsliedersingen mit den Musikern der Braunschweiger Weihnachtsgeschichte!

Wintertheater
Spiegelzelt am Eiermarkt
38100 Braunschweig
www.wintertheater.de
Anfahrt: Haltestelle Altstadtmarkt

33 Erleben
Innenstadt

Die Stimmen aus dem Off

Das LOT ist die Heimat der Braunschweiger Off-Theaterszene. Und inzwischen ein durchaus renommierter Veranstaltungsort mit einem vielseitigen Programm, das auch Poetry Slams, Tanz, Performance, Lesungen und Konzerte umfasst.

LOT Theater
Kaffeetwete 4a
38100 Braunschweig
T. 0531 173 03
www.lot-theater.de
Anfahrt: Haltestelle Altstadtmarkt und Hintern Brüdern

34 Erleben
Innenstadt

Film ab!

Das Universum ist nicht irgendein Kino, sondern eines der besten Programmkinos Deutschlands. Und das nicht nur während des Braunschweig International Film Festivals, sondern an jedem Tag im Jahr. Sehens- und hörenswert ist auch die Musikfilm-Reihe Sound on Screen, die in Kooperation mit dem Musikcafé Riptide stattfindet.

Universum
Neue Straße 8
38100 Braunschweig
T. 0531 70 22 15 50
www.universum-filmtheater
Anfahrt: Haltestelle Altstadtmarkt

35 Genießen
Innenstadt

Pizza und Pasta

Diese kleine Pizzeria wirkt ein bisschen overstyled, hat einen leichten Hang ins Kitschige. Und genau das macht sie so liebenswert. Und die niedrigen Preise! Und das gute Essen! Und die freundliche Bedienung! Und die günstige Lage in der Nähe der (Film-)Theater!

Guidos Pizzeria
Neue Straße 22
38100 Braunschweig
T. 0531 405 01
www.guidos-pizzeria.com
Mo–Do 11–22 Uhr, Fr–Sa 11–23 Uhr, So 13–22 Uhr

36 Entdecken
Innenstadt

Bestaunter Spötter

Nur – oder immerhin – drei der Geschichten des weltberühmten Eulenspiegel-Buchs spielen in der Stadt Braunschweig. Die eine von ihnen kennt jedes Braunschweiger Kind (und wahrscheinlich auch jedes andere). In ihr geht es darum, dass sich Till als Bäcker verdingen möchte. Doch wie immer hat er von Tuten und Blasen keine Ahnung. Auf die gar nicht so abwegige Frage, was er denn backen solle, erhält er die pampige Antwort: „Eulen und Meerkatzen natürlich!" Eulenspiegel tut wie ihm geheißen und backt die gewünschten Teigtiere. Sein Meister zeigt sich humorlos und wirft ihn raus. Samt den Backwaren übrigens, die der Joker von der Oker anschließend meistbietend verkauft. Geschmeckt haben müssen sie also wohl doch. Am Bäckerklint – immerhin ein passender Name – sitzt er nun an seinem Brunnen, inmitten von – na, was wohl? – Meerkatzen und Eulen natürlich!

Eulenspiegelbrunnen
Bäckerklint
38100 Braunschweig

37 Genießen
Innenstadt

Bass, besser, Baßgeige

Die Baßgeige ist absoluter Kult! Lass die Massen in die hippen, aber gesichtslosen Lokale strömen, hier gibt es das echte Braunschweig. Bolle – der legendäre Wirt, der aussieht wie die Verkörperung eines 68ers aus Kreuzberg – lebt für diesen Laden. Und er liebt den Jazz – weswegen es diese Musik hier auch stets zu hören gibt. Gerne auch live! Hier haben auch schon echte Stars gespielt. Vielleicht Bolle zuliebe. Die Baßgeige ist übrigens eine der wenigen Braunschweiger Lokalitäten, in denen das leckere Wittinger Pils ausgeschenkt wird. Noch ein Grund mehr, dahin zu gehen!

Baßgeige
Bäckerklint 1
38100 Braunschweig
T. 0531 174 08
www.bassgeige-bs.de
So–Do 18–1 Uhr, Fr 18–3 Uhr, Sa 19–2 Uhr
Anfahrt: Haltestelle Hintern Brüdern

38 Genießen
Innenstadt

Gastronomische Schatztruhe

Bier ist derzeit wieder in aller Munde, dem Craft-Bier-Trend sei Dank! Einer der Vorreiter dieser Gerstensaft-Welle war gewissermaßen Schadt's Brauerei Gasthaus. Schon 1985, als heftige Verteilungskämpfe die Bierbranche erschütterten, begann man hier mit dem Brauen eines Pilseners, das immer noch seinesgleichen sucht im Braunschweiger Land (und besser schmeckt als viele neue Craft-Biere). Inzwischen werden hier auch Weizen-, Bock- und Märzenbiere hergestellt. Auch schön: das „Rittermahl Heinrich der Löwe".

Schadt's Brauerei Gasthaus

Höhe 28
38100 Braunschweig
T. 0531 40 03 49
www.schadts-brauerei-gasthaus.de
Mo ab 17 Uhr, Di–Sa 12–0 Uhr, So 17–22 Uhr
Anfahrt: Haltestelle Packhof

39 Erleben
Innenstadt

Für Nachtschwärmer

Black Button – das ist der Treffpunkt in Braunschweig für Leute, die nachts beziehungsweise morgens Lust auf ein Bier bekommen oder auf eine leckere Currywurst.

Black Button

Ruhfäutchenplatz 2
38100 Braunschweig
T. 0531 440 50
tgl. 21–5 Uhr
Anfahrt: Haltestellen Packhof und Rathaus

40 Genießen
Innenstadt

Wie bei Mutti

Hausmannskost für jedermann. Tipp: Hoppel Poppel (Bratkartoffeln mit Rührei und Speck). Deftig und lecker!

Mutter Habenicht

Papenstieg 3
38100 Braunschweig
T. 0531 459 56
www.mutter-habenicht.de
tgl. 11–0 Uhr
Anfahrt: Haltestellen Packhof und Rathaus

41 Erleben
Innenstadt

Zwischen Popcorn und Oper

Das C1 ist das größte Kino in Braunschweig. Hier gibt's aber nicht nur 3D-Filme und überdimensionierte Getränkebecher, sondern auch anspruchsvolle Filmkost und Lesungen.

C1
Lange Straße 60
38100 Braunschweig
T. 0180 501 26 60
www.c1-cinema.de
Anfahrt: Haltestellen Hintern Brüdern und Radeklint

42 Entdecken
Innenstadt

Stahl und Stein

Was für ein beeindruckendes Gebäude! Der Aufbau aus Corten-Stahl mit dem riesigen Panoramafenster steht in Kontrast zum mittelalterlichen Steinbau und bietet das perfekte Ambiente, um moderne Kunst zu präsentieren, unter anderem von den Braunschweiger Künstlern Jürgen Weber und Günter Affeldt.

Kemenate Hagenbrücke
Hagenbrücke 5
38100 Braunschweig
T. 0531 61 28 58 88
www.jakobkemenate.de
Di–Sa 11–17 Uhr, So 12–17 Uhr
Anfahrt: Haltestellen Hagenmarkt und Alte Waage

43 Entdecken
Innenstadt

Rundblick vom Turm

389 Stufen führen in die Turmstube der St. Andreas-Kirche. Wer mutig ist, geht 15 Stufen wieder herunter und umrundet den Turmumgang. Und wer nicht ganz so mutig ist, wartet unten im Kirchencafé bis die anderen genug haben von dem atemberaubenden Ausblick über die Stadt und das Umland.

St. Andreas-Kirche
An der Andreaskirche 1
38100 Braunschweig
T. 0531 443 58
www.standreas.de
Anfahrt: Haltestelle Alte Waage

44 Entdecken
Innenstadt

Ein Prachtstück

Braunschweig ist besonders da schön, wo es alt ist. Oder das Alte zumindest rekonstruiert wurde. Die Alte Waage zum Beispiel wurde nach dem Zweiten Weltkrieg originalgetreu wiederhergestellt und wird von der Volkshochschule genutzt.

Alte Waage

Alte Waage 15
38100 Braunschweig
Anfahrt: Haltestelle Alte Waage

45 Entdecken
Innenstadt

Altes Gemäuer

Die Alte Liberei wirkt etwas unscheinbar und liegt auch ein wenig außerhalb der üblichen Flaniermeilen. Sie gilt jedoch als eines der ersten öffentlichen Bibliotheksgebäude Deutschlands.

Alte Liberei

An der Andreaskirche 1
38100 Braunschweig
Anfahrt: Haltestelle Alte Waage

46 Entdecken
Innenstadt

Mach dir selbst ein Bild davon

Die Markthalle ist die Heimat der Braunschweiger Sprayer-Szene. Weil (oder für manche auch: obwohl) das Sprühen hier zwar nicht offiziell erlaubt ist, aber doch geduldet wird. Von der Leidenschaft dieser jungen Künstler zeugen die tollsten Bilder: wild oder witzig, poetisch oder poppig, comicartig oder quasi expressionistisch, bunt oder schwarz-weiß. Hier ist alles möglich! Und es darf experimentiert werden. Was auch dazu führt, dass die Bilder immer mal wieder wechseln, weil ältere Werke übersprüht werden. Für die Besucher dieser Galerie (die gleichzeitig auch ein Atelier ist) hat das den Vorteil, dass ein Besuch immer wieder neu und überraschend ist.

Markthalle
Großer Hof
38100 Braunschweig
Anfahrt: Haltestelle Hagenmarkt

47 Entdecken Innenstadt

Lebensmittel
Ausstellungen, Performances, Workshops – das lädt zum Mitmachen ein und zeigt, dass die Grenzen zwischen Kunst und Leben stets fließend sind.

Allgemeiner Konsumverein
Hinter Liebfrauen 2
38100 Braunschweig
T. 0531 206 03 27
www.konsumverein.de
tgl. 10–22 Uhr
Anfahrt: Haltestellen Schloss und Friedrich-Wilhelm-Platz

48 Entdecken Innenstadt

Lessings Versteck
Lessing zählt zu den absoluten Klassikern der deutschen Literatur: Ob nun „Minna von Barnhelm", „Emilia Galotti" oder „Nathan der Weise" – Generationen von Schülerinnen und Schülern mussten seine Werke lesen oder wurden ins Theater geschleift, um sich seine Stücke anzu-

schauen. Das fanden vielleicht nicht immer alle gut, aber es lohnt sich, sich mit seinem Werk zu beschäftigen. Seine Zeitgenossen wurden nie so richtig warm mit ihm, und auch Lessing fühlte sich nie ganz heimisch in Wolfenbüttel und Braunschweig. Deswegen ist es vielleicht auch kein Wunder, dass das Lessing-Denkmal nicht zentral auf dem Kohlmarkt steht oder auf dem Zentralcampus der Universität, sondern ein wenig abseits, um nicht zu sagen: versteckt.

Lessing-Denkmal
Lessing-Platz 1
38100 Braunschweig
Anfahrt: Haltestelle John-F.-Kennedy-Platz

49 Entdecken
Innenstadt

Jüdische Geschichte

Wer sich näher mit der Geschichte der Juden in Braunschweig beschäftigen möchte, dem sei das Jüdische Museum empfohlen, das eine Abteilung des Braunschweigischen Landesmuseums ist. Unter anderem ist hier die Einrichtung der ehemaligen Hornburger Synagoge zu sehen.

Jüdisches Museum
Hinter Aegidien
38100 Braunschweig
T. 0531 12 15 26 19
www.juedisches-museum-braunschweig.de
Fr–So 10-17 Uhr, Di–Do für Gruppen nach Anmeldung
Anfahrt: Haltestelle John-F.-Kennedy-Platz

50 Entdecken
Innenstadt

Gastfreundlich

Das Salve Hospes ist das vielleicht wichtigste Haus in Braunschweig für moderne Kunst. Diese ist ja bekanntlich nicht immer ganz leicht zugänglich. Es erfordert ein bisschen Engagement, sich damit zu beschäftigen und manchmal auch ein bisschen guten Willen, sie zu verstehen. Und manchmal bedarf es auch einen netten Menschen, der sie einem erklärt. Schon dafür lohnt es sich, an den Führungen durch die jeweilige aktuelle Ausstellung teilzunehmen. Der Vorteil an dieser Ausstellungshalle ist übrigens auch, dass sie wunderschön ist: Der klassizistische Bau – von Braunschweigs wichtigstem Architekten Peter Joseph Krahe geplant – besticht immer noch durch seine schlichte Eleganz. Dazu kommt die tolle Lage in der Nähe des Bürgerparks, umgeben von einem hübschen, großzügigen Garten, in direkter Nachbarschaft zur Städtischen Musikschule. Das Salve Hospes (übersetzt heißt das „Sei gegrüßt, Gast") ist also in jeder Hinsicht sehenswert und immer einen Besuch wert!

Salve Hospes
Lessingplatz 12
38100 Braunschweig
T. 0531 495 56
www.kunstverein-bs.de
Di, Mi, Fr–So 11–17 Uhr, Do 11–20 Uhr, öffentliche Führungen Do 18 Uhr, So 14.30 Uhr
Anfahrt: Haltestelle John-F.-Kennedy-Platz

51 Entdecken
Innenstadt

Wir machen Musik
Die Städtische Musikschule ist eine tolle Einrichtung in einem noch tolleren Gebäude, das ein wenig orientalisch anmutet. Schon von daher lohnt es sich, sie mal in Augenschein zu nehmen.

Städtische Musikschule
Augusttorwall 5
38100 Braunschweig
T. 0531 470 49 60
www.braunschweig.de/staedtische-musikschule
Anfahrt: Haltestelle John-F.-Kennedy-Platz

52 Entdecken
Innenstadt

Mit dem kann man rechnen
Wie es sich für jemanden gehört, der sich große Verdienste bei der Vermessung der Welt erworben hat, wurde dem Braunschweiger Mathematiker, Astronomen und Physiker Carl Friedrich Gauß gleich ein ganzer Berg (na ja, Hügel) samt Denkmal gewidmet: der Gaußberg am Inselwall.

Gaußbergpark
Am Gaußberg
38114 Braunschweig
Anfahrt: Haltestelle Mühlenpfordtstraße

53 **Entdecken**
Innenstadt

Romantische Ruine

Den Portikus im Bürgerpark kennt jeder in Braunschweig. Meistens wird er als „diese Ruine da im Bürgerpark" bezeichnet. Er ist der perfekte Ort für Verliebte! Und für alle anderen Verrückten. Das besondere an ihm ist, dass der dorische Portikus schon als Ruine errichtet wurde, aus Bauteilen des abgerissenen Augusttors. Geplant hatte ihn noch der Architekt des Frühklassizismus Peter Joseph Krahe (1758–1840). Doch verwirklicht wurde er erst Jahrzehnte später, nämlich 1896. Im Zweiten Weltkrieg hat er übrigens ein paar Treffer abbekommen, doch seiner Schönheit hat das ganz sicher nicht geschadet. Der Bürgerpark ist übrigens sowieso einer der wichtigsten Parks der Stadt und hat mit dem Kreißberg – eigentlich ein bepflanzter Schutthaufen – noch eine weitere Attraktion vorzuweisen. Wichtigstes Event des Jahres ist natürlich die kostenlose Veranstaltung „Klassik im Park", die jedes Jahr zu Pfingsten in unmittelbarer Umgebung zum Portikus stattfindet und bei der das Orchester des Staatstheaters durch gefällige Melodien zu überzeugen weiß! Hörenswert, sehenswert, ein Genuss!

Portikus im Bürgerpark
Zugang über Nimes-Straße
38100 Braunschweig
Anfahrt: Haltestelle Leisewitzstraße

54 Erleben
Innenstadt

Drinnen und draußen

Der BürgerPadePark ist in den Sommermonaten ein Frei- und in den Wintermonaten ein Hallenbad – und ist damit zu jeder Jahreszeit eincn Besuch wert.

BürgerBadePark
Nimes-Straße 1
38100 Braunschweig
T. 0531 481 50
www.stadtbad-bs.de
Mo–Fr 9–22 Uhr, Sa 9–19 Uhr,
So 10–19 Uhr
Anfahrt: Haltestelle John-F.-Kennedy-Platz

55 Erleben
Innenstadt

Sport und Pop

Braunschweig hat mehrere erstklassige Sportmannschaften. Neben den Fußballern der Eintracht und den Footballern von den Lions wären da noch die Basketball Löwen zu nennen, die ihre Heimspiele in der Volkswagen Halle austragen, wo normalerweise Konzerte stattfinden, zum Beispiel das alljährliche „Pop meets Classic". Auch das traditionsreiche Reitturnier Löwen Classics findet hier übrigens statt.

Volkswagen Halle
Europaplatz 1
38100 Braunschweig
www.volkswagenhalle-braunschweig.de
Anfahrt: Haltestellen Europaplatz und Friedrich-Wilhelm-Platz

56 Entdecken
Innenstadt

Sex in the city

Prostitution gibt es in Braunschweig – so wie in jeder anderen größeren deutschen Stadt – schon seit Jahrhunderten. Man findet sie hier direkt in der City, in der Bruchstraße. Diese darf sich rühmen, eine der schönsten Gassen der Stadt zu sein. Und so tauchen auch immer mal wieder Pläne auf, sie von ihrem „schmutzigen" Gewerbe zu befreien, um hier nette Lokale, kleine Lädchen oder hübsche Galerien anzusiedeln. Doch würde das wahrscheinlich nur dazu führen, dass die Prostitution in Braunschweig weniger leicht zu überwachen wäre. So wissen Polizei und Gesundheitsamt wenigstens, wo ihre „Kunden" zu suchen sind. In der Umgebung der Bruchstraße finden sich natürlich andere Läden, deren Leumund vielleicht nicht immer der beste ist. Ein veritables Vergnügungsviertel also!

Bruchstraße
38100 Braunschweig
Anfahrt: Haltestellen Friedrich-Wilhelm-Straße und Friedrich-Wilhelm-Platz

57 Genießen
Innenstadt

Ein lasterhaftes Vergnügen

Das Goldfinger befindet sich im beschaulichen Rotlichtviertel in unmittelbarer Umgebung zur Bruchstraße und hat rund um die Uhr geöffnet. Am meisten frequentiert wird die Bar jedoch um drei Uhr nachts.

Goldfinger
Wallstraße 42
38100 Braunschweig
24 Stunden geöffnet
Anfahrt: Haltestelle Friedrich-Wilhelm-Platz

58 Erleben
Innenstadt

Alle Zehne!

Diese Bowlingbahn wird zumeist ein bisschen unterschätzt, vielleicht weil die Lage im Vergnügungsviertel nicht gerade gut beleumundet ist. Aber die Bahnen sind tiptop und die Preise fair. Geheimtipp!

City-Bowlingcenter
Wallstraße 1
38100 Braunschweig
T. 0531 240 79 40
www.city-bowling-bs.de
Mo–Do 15–0 Uhr, Fr–Sa 15–2 Uhr, So 15–23 Uhr
Anfahrt: Haltestelle Friedrich-Wilhelm-Platz

59 Erleben
Innenstadt

Lost in Braunschweig

Live Escape Games – dabei handelt es sich um eine Art Rollenspiel, bei dem man in einen Raum eingeschlossen wird, aus dem es zu entkommen gilt, indem man jede Menge Rätsel löst. Ein Spaß für die ganze Familie!

Hidden in Braunschweig
Bruchtorwall 6
38100 Braunschweig
T. 0531 48 27 76 75
www.hidden-games.de/escape-room-braunschweig/
Anfahrt: Haltestelle Friedrich-Wilhelm-Platz

60 Genießen
Innenstadt

Und der Haifisch, der hat Zähne

Die Haifischbar ist bekannt für gute (Rock-)Musik, seinen Kickertisch und verdammt wenig Platz. Trotzdem – oder gerade deswegen – sind die Nächte in dieser Raucherbar (Zutritt erst ab 18!) unvergesslich. Es sei denn, ein Filmriss löscht die Erinnerung.

Haifischbar
Wallstraße 22
38100 Braunschweig
Anfahrt: Haltestelle Friedrich-Wilhelm-Platz

61 Entdecken
Innenstadt

Im Grünen

In Sachen Parks hat Braunschweig nicht nur Masse, sondern auch Klasse vorzuweisen. Eine der schönsten Grünanlagen ist der an der Oker gelegene Inselwallpark zwischen Innenstadt, Univiertel und nördlichem Ringgebiet. Besonders empfehlenswert ist der schöne Kinderspielplatz.

Inselwallpark
Inselwall
38114 Braunschweig
Anfahrt: Haltestelle Mühlenpfordtstraße

62 Genießen
Innenstadt

From dusk till dawn

Klaue – das heißt laute Musik, billiges Bier, das heißt Punk und Heavy Metal, das heißt Wolters und Frog Sperm, das heißt Club-Konzert und Table Quiz. Und das alles, bis die Wolken wieder lila sind.

KLAUE
Wallstraße 21
38100 Braunschweig
www.klaue-bar.com
Di 20–3 Uhr, Do–Sa 21–6 Uhr
Anfahrt: Haltestelle Friedrich-Wilhelm-Platz

63 Genießen
Innenstadt

Party!!!

Eulenglück und Schwanensee heißen nur zwei der Clubs, die hier ihr Domizil gefunden haben. Und auch wenn die Namen der Läden sich manchmal ändern (auch das Pano, das Merz und das Kravczuk waren hier schon untergebracht), darf man sich sicher sein, dass hier immer gute Musik läuft und immer getanzt und gefeiert wird.

Gieseler Turm
Gieseler 3
38100 Braunschweig
Anfahrt: Haltestelle Friedrich-Wilhelm-Platz

64 Entdecken
Magniviertel

Die schönste Traditionsinsel

Wo Braunschweig am schönsten ist? Wahrscheinlich im Magniviertel! Hier gibt es nämlich nicht nur viele wunderschöne Fachwerkhäuser, sondern auch jede Menge kleinere und größere Läden, die zum Bummeln einladen. Und danach kann man noch gleich in eine der zahllosen Bierkneipen oder Cafés gehen, die zum längeren Verweilen einladen. Der zentrale Platz ist der Magnikirchplatz, der zum einen geprägt ist durch die Magnikirche – eines der ältesten Gotteshäuser der Stadt – und zum anderen durch die Biergärten der angrenzenden Gastwirtschaften. Auch das beliebte Café Strupait ist nicht weit weg – nur einmal die Straße hoch. Daneben hat das Magniviertel aber auch kulturell einiges zu bieten (architektonisch sowieso). Eine gute Möglichkeit, das Viertel kennenzulernen, ist eine Erlebnisführung mit dem Nachtwächter Hugo, der einem auch noch gleich den berühmt-berüchtigten Braunschweiger Dialekt nahebringt! Also auf zum Magnikirchplatz – da wo Braunschweig wirklich Braunschweig ist! Und wo man sich so richtig wohlfühlen kann!

Magnikirchplatz
38100 Braunschweig
Anfahrt: Haltestelle Schloss

65 Entdecken
Magniviertel

Popart

Braunschweig ist eine Stadt der Wissenschaft und der Forschung, aber auch eine der Kultur und der Kunst. Für letzteres bürgt nicht nur die hier ansässige Kunsthochschule, nein, auch die anderen Einrichtungen tragen ihren Teil dazu bei. Neben den Kunstmuseen und -vereinen sind das auch die vielen Galerien. Allen voran die Galerie Jaeschke, der vor allem mit dem Bau des Gebäudes, das offiziell Happy Rizzi House heißt, aber in Braunschweig stets nur Ritzi-Haus genannt wird, ein echter Coup gelungen ist. Seitdem steht mitten in der Braunschweiger City ein kunterbuntes Haus mit Blumen und Herzen und lustigen Gesichtern, das von dem New Yorker Künstler James Rizzi gestaltet wurde. Gerade und rechte Winkel gibt es hier nicht, alles wirkt ein bisschen verspielt, schief und naiv. Besonders auswärtige Gäste lieben dieses Gebäude und suchen es zielstrebig auf, wenn sie das erste Mal in der Stadt zu Gast sind. Eine echte Attraktion also! Leider sind im Inneren nur Büros zu finden (die einer weltberühmten Braunschweiger Bekleidungsfirma

nämlich), schöner wäre natürlich, wenn es dort künstlerisch weitergehen würde. Aber vielleicht darf man ja davon ausgehen, dass Braunschweig weiterhin in Sachen Kunst und Kultur wachsen wird! Man darf gespannt sein, was da noch auf die Stadt zukommen wird. Vielleicht weitere Gebäude, die von renommierten internationalen Künstler gestaltet werden?

Happy Rizzi House
Ackerhof 4
38100 Braunschweig
www.rizzi-haus.de
Anfahrt: Haltestellen Schloss und Georg-Eckert-Straße

66 Erleben
Magniviertel

Verstecktes Theater

Das Haus Drei des Staatstheaters liegt ein wenig versteckt hinter der Magnikirche. Das Zielpublikum ist jung, das Programm ausgesucht und der Theatersaal klein. Und ein Besuch lohnt sich allemal!

Haus Drei
Hinter der Magnikirche 6a
38100 Braunschweig
Anfahrt: Haltestelle Schloss

67 Genießen
Magniviertel

Get Rhythm!

Die Heimat des Rhythm and Blues in Braunschweig. Hier gibt's Live-Musik und Bier. Ein einfaches, aber wirkungsvolles Programm!

Barnabys Bluesbar
Ölschlägern 20
38100 Braunschweig
T. 0531 356 95 60
www.barnabys-bs.de
tgl. 17–1 Uhr
Anfahrt: Haltestelle Schloss

68 Genießen
Magniviertel

Aus der Heimat des Kaffees

In dieser Kaffeerösterei mit angeschlossenem Café (oder umgekehrt) gibt's echten äthiopischen Kaffee. Ein authentischer Laden!

Kaffeezeremonie
Am Magnitor 12
38100 Braunschweig
T. 0531 39 07 05 21
www.kaffeezeremonie.de
Di–Sa 11–19 Uhr, So 13–18 Uhr
Anfahrt: Haltestelle Schloss

69 Erleben
Magniviertel

Feucht und fröhlich

Das Magnifest ist das größte Volksfest Braunschweigs und bietet mit dem Magniviertel – dem Magnikirchplatz, dem Löwenwall, den zahlreichen Kneipen und Hinterhöfen – die perfekte Kulisse für ein langes Wochenende. Besonders stimmungsvoll sind die irische und die mittelalterliche Themengasse. Auch Kinder kommen hier voll auf ihre Kosten.

Magnifest
Magnikirchplatz
38100 Braunschweig
www.magni-fest.de
Anfahrt: Haltestelle Schloss

70 Entdecken
Magniviertel

Ein Park für Löwen

Der Löwenwall darf immer noch als Geheimtipp gelten, weil er – zum Glück natürlich nicht wortwörtlich – im Schatten der großen Parkanlagen steht, also vor allen Dingen des Bürgerparks und des Prinzenparks. Was ihn aber so attraktiv macht, ist, dass er gleich an das Magniviertel anschließt. Wer sich also vom anstrengenden Shoppen oder vom Besuch eines der Museen in der Nachbarschaft erholen möchte, ist hier genau richtig. Der Löwenwall ist übrigens nur ein winziger Teil des sogenannten Wallrings, der Anfang des 19. Jahrhunderts geschaffen wurde. Federführender Architekt: Peter Joseph Krahe, der dieser Stadt so nachhaltig seine Handschrift aufgedrückt hat, dass sie noch heute – mehr als zweihundert Jahre später – deutlich zu erkennen ist. Wie kam es zu diesem städtebaulichen Großprojekt? Ganz einfach: Die mittelalterlichen Befestigungsanlagen, die die stetig wachsende Stadt einengten und ihre Bewohner einsperrten, wurden abgerissen. Nicht zuletzt auch deshalb, weil sie sowieso überflüssig geworden waren. Gegen die modernen Waffen boten sie keinerlei Schutz mehr! So entstanden rund um die Stadt grüne Alleen, traumhafte Parks und beeindruckende Villen. Noch heute zehrt Braunschweig von dieser weitsichtigen Stadtplanung!

Löwenwall
38100 Braunschweig
Anfahrt: Haltestellen Am Magnitor und John-F.-Kennedy-Platz

71 Entdecken
Magniviertel

Verstecktes Kleinod

Die Museumslandschaft in der Region ist grandios. Insbesondere was Kunstmuseen angeht. Als das Flaggschiff der Moderne kann das Wolfsburger Kunstmuseum gelten, während die Tradition im Herzog Anton Ulrich-Museum eine deutschlandweit bekannte Heimat gefunden hat. Dazwischen gibt es jedoch noch ganz viele Nischen, die es sich zu (be)suchen lohnt. Zum Beispiel das Städtische Museum am Rande des Magniviertels, das unter anderem durch eine großartige Architektur (die Halle mit den Balkonen!), hochwertige Gemälde (nicht schlechter als die im besagten Herzog Anton Ulrich-Museum) und tolle Sonderausstellungen für Kinder und Erwachsene zu überzeugen weiß!

Städtisches Museum
Steintorwall 14
38100 Braunschweig
T. 0531 470 45 05
www.braunschweig.de/museum
Di–So 10–17 Uhr
Anfahrt: Haltestelle Am Magnitor

72 Entdecken
Magniviertel

Edle Ruhestätten

Wer in Braunschweig etwas gelten will, liegt auf dem Dom- und St. Magnifriedhof. Vorausgesetzt natürlich, er ist tot. Er befindet sich dann in äußerst illustrer Gesellschaft, denn auf dem Magnifriedhof ruhen allerlei lokale Celebrities, wie zum Beispiel die Verleger George Westermann (der Schulbuchverlag ist nur wenige hundert Meter entfernt), Friedrich Vieweg und Albert Limbach. Ebenso der Schriftsteller Friedrich Gerstäcker (bei dem Karl May eifrig abgeschrieben hat), der Übersetzer Johann Joachim Eschenburg, der Pädagoge und Sprachreformer Johann Heinrich Campe und der Grün-

der der Braunschweiger Kunsthochschule Johannes Selenka. Der absolute Star ist natürlich Gotthold Ephraim Lessing (dessen Grab allerdings ein paar Jahrzehnte lang vergessen war und erst wieder gesucht werden musste)!

Dom- und St. Magnifriedhof
Zwischen Ottmer- und Gerstäckerstraße
38102 Braunschweig
Anfahrt: Haltestelle Leonhardplatz

73 Entdecken
Innenstadt

Alte Meister – junge Schüler

Das Herzog Anton Ulrich-Museum – „das HAUM", wie der Braunschweiger sagt – wurde 1754 eröffnet. Mit seinen also über 250 Jahren ist es eines der größten und bedeutendsten Kunstmuseen Deutschlands. Man könnte nun viel dazu sagen, zu der schicken Ausstattung des Hauses und der geschickten Auswahl der Werke. Oder man zählt einfach mal auf, von wem dort alles Gemälde ausgestellt sind: zum Beispiel von Lucas Cranach d.Ä., Albrecht Dürer, Rembrandt van Rijn, Peter Paul Rubens und Jan Vermeer. Ich denke, Sie wissen, was Sie zu tun haben.

Herzog Anton Ulrich-Museum
Museumstraße 1
38100 Braunschweig
T. 0531 122 50
www.3landesmuseen.de
Di–So 11–18 Uhr
Anfahrt: Haltestelle Museumstraße

74 Erleben
Innenstadt

Eine Floßfahrt, die ist lustig

Um als echter Braunschweiger anerkannt zu werden, muss man hier nicht geboren worden sein. Es reicht, wenn man mit Okerwasser getauft wurde. Das heißt konkret, dass man mindestens einmal in seinem Leben in der Oker gebadet haben sollte. Oder in sie hineingefallen (oder -geworfen worden) sein. Inzwischen kann man das auch wieder tun, ohne seine Gesundheit zu gefährden, denn das Okerwasser gilt als sauber. Schöner ist es aber natürlich, wenn man die Oker befährt, zum Beispiel mit einem Tretboot, einem Kajak oder einem Kanu. Oder natürlich mit dem Floß! Einer der möglichen Startpunkte für eine Okerfahrt ist die OkerTour in der Kurt-Schumacher-Straße.

OkerTour
Kurt-Schumacher-Straße 26
38102 Braunschweig
T. 0531 270 27 24
www.okertour.de
tgl. 10–20 Uhr
Anfahrt: Haltestellen Campestraße und John-F.-Kennedy-Platz

Braunschweig – Ringgebiete

Östliches Ringgebiet
Nordstadt
Univiertel
Westliches Ringgebiet

1 **Entdecken**
Östliches Ringgebiet

Literarisches Zentrum

Es heißt, dass Wilhelm Raabe in Stuttgart in den wenigen Wochen seines Aufenthalts mehr Schriftsteller kennengelernt habe als in Braunschweig in den mehreren Jahrzehnten, die er dort verbracht hat. Kein Wunder, so viele berühmte Autoren lebten hier ja auch nicht! Dafür hatte Raabe immerhin das Glück, dass man ihn in Braunschweig schon vor seinem Tod eine gehörige Portion Zuneigung entgegenbrachte. Ob das an seinem Werk lag, sei dahingestellt. Dem literarischen Debüt-Roman „Die Chronik der Sperlingsgasse" (1856 erschienen) folgten zahlreiche weitere Bücher, die jedoch nie an den Erfolg des Erstlingswerks anknüpfen konnten. Dem in Eschershausen geborenen Raabe gefiel es jedoch insgesamt ganz gut in Braunschweig, zumindest nahm er rege am gesellschaftlichen Leben teil, indem er zum Beispiel Mitglied des legendären Stammtischs der „Ehrlichen Kleiderseller" wurde, dem damals unter anderem der Klavierbauer Theodor Steinweg und der Unternehmer Heinrich Büssing angehörten. Diesen Stammtisch gibt es heute übrigens immer noch! Ein Besuch von Raabes ehemaligem Wohnhaus (sein Arbeitszimmer ist hier immer noch zu besichtigen), lohnt sich vor allen Dingen bei einer der vielen Lesungen oder Vorträge.

Raabe-Haus:Literaturzentrum
Leonhardstraße 29a
38102 Braunschweig
T. 0531 70 18 93 17
www.literaturzentrum-braunschweig.de
Di 10–16 Uhr, Mi 10–15 Uhr, Do 10–14 Uhr, So 15–17 Uhr
Anfahrt: Haltestelle Leonhardplatz

2 **Erleben**
Östliches Ringgebiet

Wenn i mit dir tanz

Keine Ahnung, wie viele Braunschweiger und Braunschweigerinnen schon in dieser Tanzschule das Tanzen gelernt haben! Die Abschlussbälle finden übrigens immer in der benachbarten Stadthalle statt und zählen zu den großen gesellschaftlichen Ereignissen in der Stadt.

Tanzschule Haeusler Kwiatkowski
Leonhardstraße 20
38102 Braunschweig
T. 0531 79 40 44
www.tanzschule-haeusler.de
tgl. 14.30–23 Uhr
Anfahrt: Haltestelle Leonhardplatz

3 **Entdecken**
Östliches Ringgebiet

Hohe Kunst

Braunschweig ist – vielleicht war das in diesem Buch schon an anderer Stelle zu lesen – eine Stadt der Kultur und der Kunst. Daher wimmelt es hier auch von ehrwürdigen Denkmälern, ausdrucksvollen Skulpturen und berauschenden Brunnen, von den Museen, Kunstvereinen, Kirchen und Galerien sowie der Kunsthochschule ganz zu schweigen. Auch architektonisch hat Braunschweig einiges zu bieten – nämlich vor allem eine ungeheure Vielfalt, was ganz einfach daran liegt, dass sich in Braunschweig niemals ein einzelner Stil durchgesetzt hat (was man natürlich auch bedauern kann). Eines der neuesten, modernsten Kunstwerke markiert zugleich ein Gebäude, das architektonisch besonders interessant ist. „Toblerone" wird letzteres, aufgrund seiner dreieckigen Form, von den Braunschweigern meistens genannt. Es markiert den Eingang zum BraWoPark – ein 2015 eröffnetes Einkaufszentrum – vom Bahnhof her. Auf der „Toblerone" thronen mehrere Bildschirme, die immer wieder neue Videoinstallationen zeigen, die oft einen Bezug zum aktuellen Geschehen in der Stadt und in der Welt haben. Auf jeden Fall kann man sich mit den Filmchen und Lichteffekten die Wartezeit auf den nächsten Bus oder Zug wenn auch nicht verkürzen, so dann doch versüßen. Und das ist mehr als viele andere Kunstwerke im öffentlichen Raum zu leisten vermögen.

Videoinstallation auf der Toblerone
Willy-Brandt-Platz
38102 Braunschweig
Anfahrt: über Hauptbahnhof

4 Entdecken
Östliches Ringgebiet

Kollektives Gedächtnis

In der Schillstraße – benannt nach dem preußischen Offizier Ferdinand von Schill – findet sich ein Denkmal für eben diesen. Es erinnert auch an dessen Freikorps, das in den Napoleonischen Kriegen gegen den französischen Kaiser kämpfte. Gleich daneben finden Sie eine der interessantesten Gedenkstätten in Braunschweig. Sie gilt einem Außenlager des Konzentrationslagers Neuengamme. Vorbildlich an dieser Gedenkstätte ist ihr offenes Archiv, das Dokumente, Erlebnisberichte und Forschungsbeiträge Braunschweiger Bürger enthält. Leider wird die Gedenkstätte, insbesondere die an einer Wand angebrachten Erinnerungstafeln, immer wieder zum Ziel von neonazistischen Schmierereien. Ein Grund mehr, diesen Ort aufzusuchen!

Gedenkstätte des KZ-Außenlagers in der Schillstraße
Schillstraße 25
38102 Braunschweig
T. 0531 270 25 65
www.schillstraße.de
Di, Mi 14–17 Uhr, Do 16–19 Uhr, erster Sa im Monat 14–17 Uhr
Anfahrt: Haltestelle Willy-Brandt-Platz

5 Erleben
Östliches Ringgebiet

Unbezahlbar

Was ist die KaufBar eigentlich? Je nachdem, wen Sie fragen, werden Sie wohl eine andere Antwort bekommen. Für manche ist es vor allem ein Veranstaltungsort für Kleinkünstler und Liedermacher. Simon und Jan (die mittlerweile beim Festival KulturImZelt zu finden sind) traten hier zum Beispiel schon des Öfteren auf und auch der grandiose Manfred Maurenbrecher lässt es sich nicht nehmen, ab und zu vorbeizuschauen. Er liebe den ungewöhnlichen Klang des KaufBar-eigenen Klaviers, heißt es. Auch Theateraufführungen und Lesungen lokaler und überregionaler Autoren finden in dieser einzigartigen Location statt. Andere Gäste werden vielleicht eher eine der Selbsthilfegruppen nennen, die sich hier treffen. Oder sie nehmen hier ihren Mittagstisch ein (der immer vegan oder vegetarisch ist). Oder schauen nach der Krabbelstunde noch auf einen Kaffee vorbei (die Mütter natürlich, nicht die Kinder, die kriegen nur Milch!). Und andere nutzen die KaufBar auch als Second Hand-Laden, denn (fast) alles, was hier herumsteht, können Sie auch kaufen, inklusive Möbel und Geschirr. Von den Büchern ganz zu schweigen. Kleidung gibt es hier natürlich auch, weshalb davor gewarnt wird, die Jacke an einen der Verkaufsstände zu hängen. Und für andere ist es vielleicht all das zusammen oder einfach ein großes ausgelagertes Wohnzimmer, das man sich mit vielen anderen Menschen teilt. Getragen wird es übrigen vom Deutschen Roten Kreuz – wer hier hingeht, tut also auf jeden Fall etwas Gutes!

KaufBar
Helmstedter Straße 135
38102 Braunschweig
T. 0531 58 04 67 10
www.drk-sprungbrett.de
Mo–Mi 11–20 Uhr, Do–Fr 11–22 Uhr, Sa 15–20 Uhr
Anfahrt: Haltestellen Marienstift und Leonhardplatz

6 Genießen
Östliches Ringgebiet

Formschön und farbenfroh
Die beiden Inhaberinnen, Svenja Best (daher der Name des Geschäfts) und Hedda Brückner, leisten wirklich beste Arbeit. Sie fertigen wunderschönes, geschmackvolles Geschirr nach individuellen Wünschen an.

bestform keramik
Helmstedter Straße 135
38102 Braunschweig
T. 0531 79 42 33
www.bestform-keramik.de
Mo–Fr 10–13 Uhr und 15–18 Uhr, Sa 10–13 Uhr
Anfahrt: Haltestellen Marienstift und Leonhardplatz

7 Genießen
Östliches Ringgebiet

Beste Küche

Das kurdische Essen im Tantuni ist preiswert und lecker und auch den Wirt muss man lieben. Vegetarier kommen hier übrigens voll auf ihre Kosten.

Tantuni
Helmstedter Straße 29
38102 Braunschweig
T. 0531 61 56 35 36
www.hakon-restaurant-braunschweig.jimdo.com
Di–Sa 17–23 Uhr, So 12–22 Uhr
Anfahrt: Haltestellen Leonhardplatz und Marienstift

8 Genießen
Östliches Ringgebiet

Im Osten was Neues

Beste Musik, leckere Drinks und alle Eintracht-Spiele live: Das ist das Studio Ost.

Studio Ost
Kastanienallee 53
38104 Braunschweig
T. 0531 619 07 94
www.deinstudioost.de
Mo, Do 18–0 Uhr, Di–Mi 18–1 Uhr, Fr–Sa 18–3 Uhr
Anfahrt: Haltestelle Hartgerstraße

9 Entdecken
Östliches Ringgebiet

Aus Liebe zum Buch

Niemand kennt das Ordnungssystem in diesem Antiquariat, aber dass es eins gibt, beweist Heiner Waßmuß, der engagierte und freundliche Inhaber, immer wieder aufs Neue, wenn er zielsicher auf eines der Regale zugeht und genau das Buch herauszieht, das man braucht.

Leseratte
Hopfengarten 40
38102 Braunschweig
T. 0531 79 56 85
www.leseratte-buchladen.de
Mo–Fr 10–19 Uhr, Sa 10–14 Uhr
Anfahrt: Haltestelle Hartgerstraße

10 **Erleben**
Östliches Ringgebiet

Das ist ja wohl der Gipfel!

Der Prinz-Albrecht-Park (der im Volksmund immer nur Prinzenpark genannt wird) bietet für jede Leidenschaft und für jede Jahreszeit etwas: joggen oder spazieren gehen, Mountainbike fahren oder Drachen steigen lassen, die Jugendkirche besuchen oder auf dem Kinderspielplatz herumtollen, im Löwengarten ein Bier trinken oder im Holzwurm einen vegetarischen Teller genießen, ein Fußballspiel der Freien Turner oder eines des Polizeisportvereins anschauen, Eichhörnchen füttern oder Eis essen. Im Sommer stehen nämlich mehrere Eiswagen an der Herzogin-Elisabeth-Straße bereit, um die erfrischungsbedürftigen Flaneure mit kalten Köstlichkeiten zu erfreuen. Der sogenannte Aussichtsturm (er diente im Zweiten Weltkrieg als Beobachtungsbunker) am Hang des Nussbergs bietet eine gute Möglichkeit, sich einen Überblick über das lustige Treiben zu verschaffen. Vom 58 Hektar großen Prinzenpark aus gelangt man übrigens auch schnell in das wunderschöne Naturschutzgebiet Riddagshausen, so dass sich ein Besuch der Grünanlage auch problemlos in eine ausgedehnte Fahrradtour einbinden lässt.

Prinz-Albrecht-Park (Prinzenpark)
Herzogin-Elisabeth-Straße
Anfahrt: Haltestelle Nußbergstraße

11 **Erleben**
Östliches Ringgebiet

Im Sauseschritt

1895 war ein wichtiges Jahr in Braunschweig. Nicht nur, dass die Eintracht gegründet wurde (der spätere Deutsche Fußballmeister), nein, es wurde auch der Prinzenpark eröffnet, der bis heute einer der größten und schönsten Parks in Braunschweig ist. Einer der wichtigsten Orte im Prinzenpark ist natürlich der Skaterplatz, von denen es inzwischen in Braunschweig noch weitere gibt. Doch dieser ist nach wie vor einer der beliebtesten. Das Tolle an ihm ist die relaxte Atmosphäre, die hier herrscht. Hier sausen Skateboards und Waveboards, BMX-Räder, Fahrräder und Laufräder durcheinander – hier sind Kinder, Jugendliche und Erwachsene unterwegs. Und trotzdem gibt es kaum Zusammenstöße (weder im wörtlichen noch im übertragenen Sinn), denn hier herrscht gegenseitige Rücksichtnahme. Ein Traum! Apropos Traum: Angeblich wurde hier Dennis Schröder entdeckt, als er mit ein paar Kumpels just for fun Basketball spielte. Der Braunschweiger Jung' (seine Mutter stammt aus Gambia, sein Vater war Deutscher) hat es über die New Yorker Phantoms bis in die NBA (National Basketball Association) geschafft und spielt mittlerweile bei den Atlanta Hawks auf der Position des Point Guards, der so etwas wie der Spielmacher einer Mannschaft ist. Zurück zum Skaterplatz: Dieser hat mit der Rollschuhbahn aus den 1950er-Jahren – ein ovaler Rosengarten, der sich an gleicher Stelle befand – einen direkten Vorläufer. Heutzutage geht es hier natürlich ein bisschen zügiger zu. Die direkten Nachfolger der Rollschuhe heißen Inline Skates und sind deutlich schneller. Und nach dem Sport wird gegrillt! In den Sommermonaten ist nämlich die Wiese beim Skaterplatz der größte Grillplatz der Stadt!

Skaterplatz im Prinzenpark
Herzogin-Elisabeth-Straße
38104 Braunschweig
Anfahrt: Haltestelle Nußbergstraße

12 Genießen
Östliches Ringgebiet

Am Ende des Sonntagsspaziergangs

Dem Prinzenpark ist eine kleine Grünfläche vorgelagert: der Stadtpark. Mittendrin: das Wirtshaus Heinrich, das einen tollen Biergarten hat und das wohl als das Ausflugslokal gelten darf, das am wenigsten weit von der Stadt entfernt ist. An der Wand hängt übrigens eine Braunschweiger Version des berühmten Gemäldes „Das Abendmahl" von Leonardo da Vinci.

Heinrich – Das Wirtshaus
Jasperallee 42
38102 Braunschweig
T. 0531 60 94 67 10
www.heinrich-braunschweig.de
Di–Do 15–23 Uhr, Fr–Sa 11–0 Uhr, So 11–23 Uhr
Anfahrt: Haltestelle Stadtpark

13 Entdecken
Östliches Ringgebiet

Fotografisches Gedächtnis

Das Museum für Photographie ist in den Torhäusern auf beiden Seiten der Helmstedter Straße untergebracht und bietet immer wieder wechselnde und abwechslungsreiche Ausstellungen, die Einblicke in die Kunst der Fotografie ermöglichen.

Museum für Photographie
Helmstedter Straße 1
38102 Braunschweig
T. 0531 750 00
www.photomuseum.de
Di–Fr 13–18 Uhr, Sa und So 11–18 Uhr
Anfahrt: Haltestellen Steintor und Museumstraße

14 Genießen
Östliches Ringgebiet

Zu den vier Blinden

Zu den vier Linden – das ist nicht einfach ein Lokal, das ist eine lokale Institution! Der Wirt, von vielen nur Elvis genannt, ist ihr uneinschränkter Chef. Das erkennt man auch daran, das er überall an der Wand hängt. Beziehungsweise natürlich Fotos von ihm, die ihn mit verschiedenen Braunschweiger Prominenten zeigen, unter anderem mit Ulrich Markurth, dem Herrn Oberbürgermeister und mit Torsten Lieberknecht, dem Trainer der Braunschweiger Eintracht. Das Vier Linden ist immer voll. Wer dort einkehren möchte, tut also gut daran, sich einen Platz zu reservieren! Und das Essen, das dort serviert wird, ist einfach, aber lecker beziehungsweise einfach lecker. Und die Bedienungen sind außerordentlich freundlich und umsichtig – wer ausgetrunken hat, bekommt auch gleich etwas Neues angeboten! Funktioniert übrigens auch und gerade beim Kölsch. Gegenüber vom Vier Linden (das inzwischen übrigens auch einen überregionalen Bekanntheitsgrad erreicht hat) ist eine weitere Kneipe zu finden, die Expertise, die ebenfalls zu empfehlen ist, besonders dann, wenn man Gesellschaftsspiele liebt, denn die gibt es dort in großer Auswahl! Ein weiteres Café ergänzt das gastronomische Angebot in dieser Ecke, was nicht nur für Menschen, die im Östlichen Ringgebiet wohnen, interessant ist, sondern auch für die Besucherinnen und Besucher des Staatstheaters, das fußläufig zu erreichen ist.

Zu den Vier Linden
Wiesenstraße 5
38102 Braunschweig
T: 0531 33 72 71
www.vierlinden.de
Tgl. ab 15 Uhr, feiertags ab 12 Uhr
Anfahrt: Haltestelle Jasperallee

15 Erleben
Östliches Ringgebiet

Entspannt am Marterpfahl

Der Indianerspielplatz zu Füßen des wunderschönen Wasserturms ist einer der tollsten Kinderspielplätze der Stadt. Im Grünen Lädchen auf dem Gelände des benachbarten Waldorfkindergartens kann man die nötige Verpflegung kaufen (Süßi und so!).

Spielplatz am Wasserturm
Max-Osterloh-Platz 9
38102 Braunschweig
Anfahrt: Haltestellen Kastanienallee und Jasperallee

16 Entdecken
Östliches Ringgebiet

Alt und belesen

Hier gibt es antiquarische Bücher und neue Ideen. Aus der lokalen Literaturszene ist das Antiquariat nicht wegzudenken.

Antiquariat Buch und Kunst
Kasernenstraße 12
38102 Braunschweig
T. 0531 34 73 32
www.buchundkunst-bs.de
Di–Fr 10–13 Uhr und 15–18 Uhr, Sa 11–13 Uhr
Anfahrt: Haltestelle Kasernenstraße

17 Erleben
Östliches Ringgebiet

Die Lachhochburg

Die Brunsviga ist ein Kulturzentrum, in der Kurse und Workshops stattfinden, sich Gruppen treffen können, ein Kinderhaus untergebracht ist, es ein bisschen Gastronomie gibt und so weiter. ABER: Vor allen Dingen ist es die Heimat des Braunschweiger Kabaretts. Besonders zu empfehlen sind Desimos Spezial Club und natürlich das alljährliche Satirefest, bei dem Größen wie Hartmut El Kurdi, Thomas Freitag und Christian Ehring auftreten!

Brunsviga
Karlstraße 35
38106 Braunschweig
T. 0531 23 80 40
www.brunsviga-kulturzentrum.de
Mo–Fr 8–22 Uhr, Sa 18–22 Uhr
Anfahrt: Haltestelle Mozartstraße

18 Erleben
Nordstadt

Aus aller Welt

Das Haus der Kulturen ist das vielleicht jüngste Kulturzentrum der Stadt. Es wurde erst 2013 gegründet. Und es ist das vielleicht ungewöhnlichste, zumindest jedoch das internationalste. Hier treffen Menschen aus aller Herren Länder aufeinander und stellen mit Hilfe von Literaturkreisen, Kunstausstellungen, Sprach- und Kochkursen, Infoveranstaltungen und Erzählnachmittagen ihre Heimatländer vor. Das funktioniert hervorragend und zeigt wie Menschen aus ganz unterschiedlichen Kulturkreisen gut miteinander auskommen. Untergebracht ist es im ehemaligen Nordbahnhof im Univiertel.

Haus der Kulturen

Am Nordbahnhof 1a
38106 Braunschweig
T. 0531 38 99 97 18
www.hdk-bs.de
Di–Fr 9–17 Uhr
Anfahrt: Haltestelle Pockelsstraße

19 Entdecken
Univiertel

Anschauungsunterricht

Das Naturhistorische Museum ist eines der ältesten seiner Art! Es wurde im 18. Jahrhundert von Karl I. von Braunschweig-Wolfenbüttel (1713–1780) gegründet, wirkt jedoch keineswegs verstaubt oder altbacken, sondern ganz im Gegenteil frisch und unverbraucht! Am schönsten finden vor allem die Kinder die Aquarien und Terrarien mit den vielen lebenden Tieren! Es ist eine wahre Wonne, wie sie sich die Nase an den Glasscheiben plattdrücken, um ja nichts zu verpassen von den schwimmenden, schleichenden, sich schlängelnden Tieren. Ansonsten gibt es auf den vier Etagen noch jede Menge Fossilien und Skelette zu sehen sowie die Rekonstruktionen von Tieren und Steinzeitmenschen! Sehenswert ist auch das Gebäude, in dem das Museum untergebracht ist – ein schönes Beispiel für den Backsteinexpressionismus der 1930er-Jahre.

Naturhistorisches Museum
Pockelsstraße 10
38106 Braunschweig
www.3landesmuseen.de
Di, Do–So 9–17 Uhr, Mi 9–19 Uhr
Anfahrt: Haltestelle Pockelsstraße

20 Entdecken
Univiertel

Forschung und Unterhaltung

Der Science Slam im Haus der Wissenschaft gilt als einer der ältesten in ganz Deutschland. Aber auch die anderen Veranstaltungen, die hier stattfinden, zeugen von echtem Forscherdrang und Experimentiergeist (auch im Bereich der Didaktik).

Haus der Wissenschaft
Pockelsstraße 11
38106 Braunschweig
T. 0531 391 21 61
www.hausderwissenschaft.org
Mo–Sa 8–22 Uhr
Anfahrt: Haltestelle Pockelsstraße

21 Entdecken
Univiertel

Architektur-Mekka

Im Backsteingebäude des Naturhistorischen Museums war ursprünglich die Pädagogische Hochschule untergebracht, bis 1937 das aus der Naturaliensammlung entstandene Museum hier einzog. Mit seiner historisierenden Formgebung versuchte es, architektonisch an wirkliche oder vermeintliche Vorbilder anzuknüpfen. An der Wolfenbütteler Straße wurde zum Beispiel eine HJ-Führer-Schule gebaut, die durch ihre wuchtige Bauweise und die massiven Säulen unschwer als faschistischer Bau zu identifizieren ist. Sie beherbergt heute das Braunschweig-Kolleg und das Abendgymnasium. Nach der deutschen Kapitulation 1945 sollte sich vieles ändern. Auch in

der Architektur! Die Braunschweiger Schule, angesiedelt an der hiesigen Universität, machte sich daran, einen Gegenentwurf zu den nationalsozialistischen Baustilen zu entwickeln. Funktional und rational sollte es nun zugehen statt monumental und romantisch. Das führte jedoch auch dazu, dass von ihren Gebäuden eine gewisse Kühle ausgeht. Am Universitätsforum am Zentralcampus, errichtet von 1957 bis 1971, lässt sich das gut erkennen. Gegenüber befindet sich der 1877 eingeweihte Altbau der Universität – ein reizvoller Kontrast.

Zentralcampus
Pockelsstraße
38106 Braunschweig
Anfahrt: Haltestelle Pockelsstraße

22 Entdecken
Univiertel

Die Blütenpracht

Eine Oase inmitten der Lehre (oder Leere)? Der Botanische Garten wird gerne von Studentinnen und Studenten der nahegelegenen Universität zum Chillen genutzt. Er liegt auf beiden Seiten der Humboldtstraße direkt an der Oker und bietet eine schöne Möglichkeit, mal eben für kurze Zeit in ganz andere Welten einzutauchen. Hier gibt es nämlich Farne und Orchideen und Mammutbäume sowie Heide-, Alpen- und Tropenpflanzen zu sehen – insgesamt 4000 Blütenpflanzarten, was immerhin 1,5 Prozent der Weltflora repräsentiert. Fast alle Klimazonen der Erde sind hier durch Beispiele aus der Pflanzenwelt vertreten. Einer der beliebtesten Orte ist der kleine Wasserfall, der besonders abgeschieden wirkt, aber auch das Tropenhaus ist immer einen Besuch wert!

Botanischer Garten
Humboldtstraße 1
38106 Braunschweig
T. 0531 391 58 89
www.tu-braunschweig.de
tgl. 8–16 Uhr
Anfahrt: Haltestelle Botanischer Garten

23 Entdecken
Univiertel

Das Kunsthaus

Der Botanische Garten befindet sich auf zwei Grundstücken auf beiden Seiten der Humboldtstraße. Die Eingänge sind unschwer zu finden, man muss sich nur an den zwei, sie kennzeichnenden, Torhäusern orientieren. Das eine von ihnen wird vom Botanischen Garten selbst genutzt, das andere vom Bund Bildender Künstler, dem viele Größen der Braunschweiger Kunstszene angehören, unter anderem der Bildhauer Magnus Kleine-Tebbe (der mit vielen Werken im Stadt- und Landschaftsbild vertreten ist) und Tobias Vergin. Letzterer hat unter anderem (im Gewerkschaftshaus in der Wilhelmstraße) einen Gedenkort für Minna Faßhauer geschaffen, die Deutschlands erste Ministerin war – in der kurzen Zeit der Braunschweiger Räterepublik nach dem Ersten Weltkrieg. Zurück zum Torhaus: Hier finden immer wieder hochinteressante Ausstellungen statt, in die manchmal auch der umliegende Garten einbezogen wird. Gefeatured werden jedoch nicht nur lokale Künstlerinnen und Künstlern, auch auswärtigen Malern und Bildhauern, Fotografen und Performance-Künstlern wird hier ein angemessenes Forum geboten. Mit dieser Umnutzung hat das Torhaus eine gute Verwendung gefunden. Ursprünglich diente es nämlich, wie alle anderen Torhäuser der Stadt, der Erhebung von Zollgebühren. Als das Herzogtum Braunschweig 1840 dem Deutschen Zollverein beitrat, wurden sie natürlich überflüssig. Schön dass einige von ihnen nicht abgerissen wurden!

Kunsthaus BBK
Humboldtstraße 34
38106 Braunschweig
T. 0531 34 61 66
www.bbk-bs.de
Mi–Fr 15–18 Uhr, So 11–17 Uhr
Anfahrt: Haltestelle Botanischer Garten

24 Erleben
Univiertel

Kleine Kunst

Tolles Puppentheater, schön gelegen beim Botanischen Garten. Nicht nur für Kinder!

Figurentheater Fadenschein
Bültenweg 95
38106 Braunschweig
T. 0531 34 08 45
www.fadenschein.de
Anfahrt: Haltestelle Botanischer Garten

25 Genießen
Univiertel

Lecker

Das Parco ist auf demselben Gelände wie das Figurentheater Fadenschein und ist urgemütlich. Im Sommer ist besonders die Außenterrasse sehr zu empfehlen.

Pizzeria Parco
Bültenweg 95
38106 Braunschweig
T. 0531 380 82 02
Mo–Sa 11.30–22.15 Uhr, So 13.30–22.15 Uhr
Anfahrt: Haltestelle Botanischer Garten

26 Genießen
Univiertel

Auf die Gastfreundschaft

Was wäre die Braunschweiger Gastronomie ohne die vielen Türken und Kurden, die sie bereichern? Besonders empfehlenswert ist das Troja in der Nähe des Botanischen Gartens.

Troja
Bültenweg 6
38106 Braunschweig
T. 0531 33 23 27
Mo–Sa 15–0 Uhr, So 12–22 Uhr
Anfahrt: Haltestelle Botanischer Garten

27 Entdecken
Westliches Ringgebiet

Bedeutendes EXPOnat

Der rundum verglaste Bücherkubus flankiert den Haupteingang der Hochschule für Bildende Künste und beherbergt deren großartige Mediathek. Ihr Schwerpunkt liegt auf der Kunst des 20. und 21. Jahrhunderts. Bei dem Gebäude handelt es sich um den Pavillon, mit dem sich Mexiko auf der Weltausstellung in Hannover präsentierte. Wunderschön und einer Kunsthochschule mehr als würdig.

Bücherkubus

Johannes-Selenka-Platz 1
38118 Braunschweig
Anfahrt: Haltestelle Johannes-Selenka-Platz

28 Erleben
Westliches Ringgebiet

Bunter Hund

Hausbesetzungen werden in der lokalen Geschichtsschreibung zumeist vergessen, obwohl sie für die Menschen, die daran beteiligt waren, prägende Erlebnisse sein konnten. In Braunschweig gab es neben anderen besetzten Häusern das berühmt-berüchtigte Konzerthaus in der Böcklerstraße. Anfang der 1990er Jahre wurde das letzte von ihnen geräumt – Braunschweigs autonome Szene war heimatlos geworden. Sie bemühte sich jedoch um Ersatz und besetzte zum Beispiel kurzfristig das Haus am Magnitorwall, in dem heute das Kleine Haus des Staatstheaters untergebracht ist. Ein weiterer Versuch wurde in der Eisenbütteler Straße gestartet. Er scheiterte daran, dass das Haus nach der kurzen symbolischen Besetzung in einer Nacht- und Nebelaktion abgerissen wurde. Erst in der Frankfurter Straße wurde ein brauchbares Objekt gefunden.

Nach sechs Jahren zäher Verhandlungen war es soweit: Es wurden Verträge für ein Kulturzentrum unterschrieben. Nur das Wohnen wurde untersagt. Es dauerte weitere sechs Jahre Bauzeit, bis es eröffnet werden konnte. Heute ist das Nexus nicht mehr aus dem kulturellen Leben der Stadt wegzudenken. Es füllt eine wichtige Nische für alternative Kultur. Hier spielen immer wieder Bands, die Jahre später weit größere Halle füllen. Feine Sahne Fischfilet und Egotronic sind zwei Beispiele hierfür. Daneben finden im Nexus aber auch andere Aktivitäten statt: Politische Initiativen treffen sich hier, queere Partys werden gefeiert und auch Lesungen und Vorträge gehören zum Programm des basisdemokratisch verwalteten Zentrums. Schon äußerlich sticht das ehemalige Verwaltungsgebäude der Luther-Werke hervor. Transparente zeigen deutlich, wo das Nexus seine Wurzeln hat.

Nexus
Frankfurter Straße 253
38122 Braunschweig
T. 0531 280 90 66
www.dasnexus.de
tgl. 11–19 Uhr
Anfahrt: Haltestelle Helenenstraße

29 Entdecken
Westliches Ringgebiet

Kunst und Leben

Die legendäre Jahnstraße ist so eine Art Mischung aus Schwabing und Kreuzberg. Hier leben viele Kunststudenten und (Lebens-)Künstler, weswegen es vielleicht auch nicht verwundert, dass es dort mit dem Kunstverein NeunRaumKunst einen schönen Ort für entsprechende Ausstellungen gibt.

NeunRaumKunst
Jahnstraße 8a
38118 Braunschweig
www.neunraumkunst-bs.de
Anfahrt: Haltestelle Westbahnhof

30 Genießen
Westliches Ringgebiet

Speziell, lecker, kreativ

Tandure – ich liebe dieses Lokal! Es darf sich mit Fug und Recht rühmen, eines der besten türkischen (beziehungsweise anatolischen) Restaurants der Stadt zu sein. Und die Konkurrenz ist wirklich groß. Auch die Lage – mitten im ARTmax – ist toll. Ein weiterer Pluspunkt: die Außenterrasse mit ihren 150 Sitzplätzen!

Tandure
Frankfurter Straße 4
38122 Braunschweig
T. 0531 89 45 58
www.restaurant-tandure.de
tgl. 12–15 Uhr und 18–0 Uhr
Anfahrt: Haltestelle Europaplatz

31 Erleben
Westliches Ringgebiet

Um die Stadt

Fahrradtouren – warum führen diese eigentlich immer aufs Land hinaus? Wo es doch in der Stadt genauso schön ist? Oder vielleicht sogar schöner oder zumindest abwechslungsreicher. Und es viel mehr Möglichkeiten gibt, sich bei Regen irgendwo unterzustellen. Braunschweig bietet für all diejenigen, die gerne mal mit dem Rad unterwegs sind, aber die Stadtgrenzen nicht überschreiten möchten, eine schöne Möglichkeit, ihren Drahtesel auszuführen. Das Ringgleis soll irgendwann einmal die gesamte Stadt umrunden, momentan sind ungefähr acht Kilometer fertiggestellt. Fünfeinhalb Kilometer davon sind gleichzeitig Teil der „Braunschweiger ZeitSchiene“, einem Freilichtmuseum für Verkehrs-, Wirtschafts- und Zeitgeschichte. Durch sogenannte „Dekadensteine“, die beispielsweise die Eröffnung der Braunschweig-Schöninger Eisenbahn 1898 oder der Produktion der ersten Lastkraftwagen durch die Firma Büssing markieren, wird die Strecke in Sinnabschnitte unterteilt. Neben der ZeitSchiene mit ihren verschiedenen Stationen sind auf dem Ringgleis Rast- und Spielplätze vorhanden. Auch

Möglichkeiten, sich sportlich zu betätigen, sind hier gegeben, unter anderem mit einem Boulderturm, einem Skaterplatz und einer Fitnessanlage. Selbstverständlich bieten sich auch kleine Abstecher in die Stadt an – in diesem Buch finden Sie etliche Tipps, die Sie mit einer Fahrradtour rund um Braunschweig verbinden können.

Braunschweiger Ringgleis
www.braunschweig.de/ringgleis

Braunschweig – außerhalb des Rings

1 **Entdecken**
Riddagshausen

Das perfekte Picknick

Picknicken in Braunschweig – wo ist die beste Stelle hierfür? Die Meinungen gehen natürlich weit auseinander. Manche schwören auf den Bürgerpark, andere bevorzugen den Prinzenpark, manche zieht es an die Oker und einige fahren sogar mit dem Auto ins Umland. Ein besonders schöner Platz hierfür ist sicherlich bei der Bockwindmühle in Riddagshausen, die den schönen Namen Victoria Luise trägt, nach der Tochter des letzten Kaisers. Die Mühle steht erst seit 1979 in Riddagshausen, vorher hatte sie in Remlingen ihr Zuhause. Von hier aus ist es auch nicht mehr weit bis in den Ortskern von Riddagshausen und von dort kommt man wiederum schnell in die Buchhorst. Nicht nur ein perfekter Picknickplatz also, sondern auch eine gute Station für einen längeren Sonntagsausflug!

Bockwindmühle Victoria Luise
Riddagshäuser Weg 3
38104 Braunschweig
www.niedersaechsische-muehlenstrasse.de
Anfahrt: Haltestelle Nußberg

2 **Entdecken**
Riddagshausen

Der Geist der Geschichte

1145 gründeten Zisterzienser in dem Sumpfgebiet zwischen Nußberg und Buchhorst ein Kloster, 31 Jahre später begannen die Mönche mit dem Bau der Klosterkirche, die 1275 geweiht wurde. Heute liegt sie in dem idyllischen Vorort Riddagshausen. Auch der Klostergarten ist sehr sehenswert und auch dem Klostermuseum im Torhaus sollte man unbedingt einen Besuch abstatten.

Klosterkirche Riddagshausen
Klostergang
38104 Braunschweig
T. 0531 37 29 00
www.klosterkirche-riddagshausen.de
Anfahrt: Haltestelle Nehrkornweg

3 Entdecken
Riddagshausen

Auf Fotosafari

Gleich hinter dem Östlichen Ringgebiet mit seinem Prinzenpark liegt Riddagshausen – einer der schönsten Stadtteile. Er hat sich bis heute seinen dörflichen Charakter bewahrt. Besonders schön sind die ehemaligen Fischteiche der Zisterziensermönche. Sie sind ein wahres Paradies für alle möglichen Vögel. Es lohnt sich, sie mit Fotoapparat und Fernglas zu umrunden. Besonders geeignet für einen Fotostopp ist der Aussichtsturm hinter dem Kreuzteich. Wenn Sie etwas mitbringen möchten, bietet es sich an, in der Fischkate geräucherte Forelle zu erwerben! Ihren Spaziergang können Sie beispielsweise im „Teetied" abschließen, einem kleinen Café, das genauso gemütlich ist, wie der Name es vermuten lässt. Hier gibt es hausgemachten Kuchen und heißen Kaffee. Auch in der kalten Jahreszeit lohnt sich übrigens ein Ausflug an die Teiche – besonders dann, wenn sie von einer Eisfläche bedeckt sind. Dann kann man hier hervorragend Schlittschuhlaufen.

Riddagshäuser Teiche
Dr.-Wilke-Weg
38104 Braunschweig
Anfahrt: Haltestellen Nehrkornweg und Kreuzteich

Teetied
Nehrkornweg 1
38104 Braunschweig
T. 0531 310 29 67
www.teetied-bs.de

4 Entdecken
Riddagshausen

Beste Wohngegend

Riddagshausen ist, wie gesagt, einer der schönsten Vororte Braunschweigs. Und besonders schön sind die Bauernhäuser in der Straße „Zwischen den Bächen", die aus dem ganzen Braunschweiger Land stammen und von 1968 bis 1980 hierher versetzt wurden.

Zwischen den Bächen
38104 Braunschweig
Anfahrt: Haltestellen Nehrkornweg und Kreuzteich

5 Erleben
Riddagshausen

Für Waldläufer und solche, die es werden wollen

Was tun an einem sonnigen oder doch zumindest trockenen Wochenende in Braunschweig? Man fährt in die Buchhorst, um den lieben Kleinen die heimische Tier- und Pflanzenwelt näherzubringen und ihnen Birken und Buchen, Eiben und Eichen, Frösche und Kröten, Blindschleichen und Eidechsen, Libellen und Schmetterlinge, Lerchen und Kiebitze in natura zu zeigen. Sogar dicht behaarte Schottische Hochlandrinder sind hier zu beobachten. Das Waldgebiet mit seinen Wiesen und Teichen kann zu Fuß oder mit dem Fahrrad erkundet werden. Stege und Aussichtspunkte helfen einem dabei, den Tieren und Pflanzen nahe zu kommen, Erklärtafeln liefern Hintergrundinformationen. Besonders wichtig in diesem Zusammenhang ist das Waldforum Riddagshausen, in dem sehenswerte Ausstellungen stattfinden und das mit Veranstaltungen für die ganze Familie lockt. Apropos Familie, apropos Belohnung: Das Ausflugslokal Schäfers Ruh bei Schapen (Lindenallee 22) ist immer ein gutes Argument für einen Ausflug in die Natur!

Waldforum Riddagshausen
Ebertallee 44
38104 Braunschweig
T. 0531 707 48 32
www.waldforum-riddagshausen.de/
Anfahrt: Haltestelle Grüner Jäger

6 Genießen
Riddagshausen

Nach der Fotosafari

Über Wilhelm Raabe und seinen Stammtisch, die „Ehrlichen Kleiderseller zu Braunschweig“, sprachen wir ja schon. Sie trafen sich in der Gastwirtschaft „Grüner Jäger“ weit draußen vor der Stadt. Diese gibt es seit 270 Jahren – und ein Besuch lohnt sich noch immer, besonders zur Spargelzeit!

Grüner Jäger
Ebertallee 50
38104 Braunschweig
T. 0531 716 43
www.gruenerjaeger.de
Di–So 11.30–21 Uhr
Anfahrt: Haltestelle Grüner Jäger

7 Entdecken
Braunschweig – Osten

Auf dem Weg des Friedens

Das Rieseberg-Denkmal, die Grabstelle des Braunschweiger Kommunisten August Merges (einer der Gründer der kurzlebigen Braunschweiger Räterepublik), das Gräberfeld für die Opfer des Euthanasie-Programms, verschiedene Ehrenmale für die ost- und westeuropäischen Kriegsgefangenen und das Holocaust-Mahnmal sind nur einige der Stationen, die vom Friedenspfad miteinander verbunden werden. Er führt zu verschiedenen Orten, in denen es um die Opfer von Krieg und Gewaltherrschaft geht. Auch die Kriegsgräberstätten des Ersten und Zweiten Weltkriegs sind Teil des Rundwegs. Startpunkt ist die Friedenskapelle (mit Gerd Winners „Totenklage") auf dem Katholischen Friedhof, gleich neben dem Hauptfriedhof. Der Friedensweg ist mit Steinen gekennzeichnet, die ein Ginkgoblatt zeigen – ein Symbol, mit

dem an den Abwurf der Atombombe auf Hiroshima erinnert wird. Der Ginkgo war die erste Pflanze, die dort danach wieder gewachsen sein soll.

Friedenskapelle auf dem Katholischen Friedhof
Helmstedter Straße 54
38126 Braunschweig
www.gedenkstaette-friedenskapelle.de
Anfahrt: Straßenbahn 4, Haltestelle Helmstedter Straße

8 Entdecken
Braunschweig – Osten

Im Freilicht-Museum

Eine der schönsten Grünanlagen der Stadt ist definitiv der Braunschweiger Hauptfriedhof! Und man erfährt hier viel Wissenswertes über die Stadt und über die Menschen, die hier gelebt haben. Und zwar sowohl über die einfachen Leute als auch über die Prominenten. Auch ar-

chitektonisch – man beachte die Friedhofskapelle und das Mausoleum – und kunsthistorisch sind Friedhöfe natürlich hochinteressant. Es empfiehlt sich übrigens durchaus, dem Rundweg zu folgen, der über den Friedhof führt. Dadurch kommt man zum Beispiel am Grab des Domkantors und Komponisten Helmut Kruse vorbei, das von einer hübschen Skulptur verschönt wird, die singende Kinder zeigt. Sehenswert ist das Grabmalmuseum (gleich neben einem kleinen Teich), in dem beispielsweise das Grabmal Hinze zu sehen ist, das mit einem Relief von Arnold Krämer verziert ist. Das ist der Künstler, der auch den Eulenspiegel-Brunnen geschaffen hat. Auf dem Hauptfriedhof ist übrigens auch eine ganz besondere Gedenkstätte zu finden. Sie ist Friedrich-Werner Graf von der Schulenburg gewidmet, der einer der Wiederstandskämpfer vom 20. Juli 1944 war, zum Tode verurteilt und am 10. November 1944 hingerichtet wurde.

Zur Erkundung des Hauptfriedhofs swerden auch Führungen angeboten!

Hauptfriedhof
Helmstedter Straße 38
38126 Braunschweig
T. 0531 27 37 00
Mo–Do 8–16 Uhr, Fr 8–14 Uhr
Anfahrt: Haltestelle Hauptfriedhof

9 **Entdecken**
Braunschweig – Osten

Hier locken Loks

25 000 Zuschauerinnen und Zuschauer. So viele Menschen zog es zu dem Musiktheaterstück „Spiel mir das Lied vom Löwen", das in der Kreativküche von Christian Eitner und Peter Schanz geschaffen wurde. Immer mit dabei, wenn die beiden zusammenarbeiten: die Jazzkantine, die so etwas wie die Braunschweiger Haus- und Hofband ist. Nicht weniger erfolgreich ist das Stück „Der Fluch der Oker"! Vielleicht hat auch die Location, in der diese Stücke aufgeführt werden, etwas mit ihrem Erfolg zu tun. Das Theater ist nämlich der Lokpark in der Borsigstraße, der auf dem Gelände eines ehemaligen Dampflok-Ausbesserungswerks entstand. Das Museum wird von den Braunschweiger Eisenbahnfreunden betrieben. Zu sehen sind Lokomotiven und Waggons, die Lokhalle und das Stellwerk sowie zwei Modelleisenbahnen. Nicht zu vergessen der Wolters-Barwagen und ein Café-Wagen mit Biergarten. Es gibt sogar eine echte Parkeisenbahn, auf der man mitfahren kann! Und

manchmal wird der Lokpark eben zu einem Theaterspielplatz, auf dem witzige Stücke mit ganz viel Lokalkolorit aufgeführt werden!

Lokpark
Schwarzkopffstraße 3
38126 Braunschweig
T. 0531 264 03 40
www.lokpark.de
Anfahrt: Haltestelle Bebelhof

10 Erleben
Braunschweig – Süden

Sommerliches Vergnügen

Das Naturbad Kennel-Bad ist nicht nur preisgünstig (und wird daher viel von jungen Familien frequentiert), sondern auch sehr idyllisch. Außerdem hat es eine sehr schöne Strandbar und einen eigenen Bereich für die Freunde und Freundinnen der Nacktbadekultur. Auch für Kletterfreunde gibt es hier die Möglichkeit, ihrem Hobby nachzugehen.

Kennel-Bad
Kennelweg 4
38122 Braunschweig
T. 0531 886 37 31
www.kennel-bad.de
Mo–Fr 10–18.30 Uhr, Sa–So 9–18.30 Uhr
Anfahrt: Haltestelle Richmondweg

11 Erleben
Braunschweig – Süden

Mit Handicap

Minigolf ist langweilig? Hier garantiert nicht, denn diese Bahn ist außergewöhnlich schön gestaltet, mit kleinen und größeren Finessen, die auch geübte Bahnengolfer fordern.

Kennel-Golf
Kennelweg
38122 Braunschweig
T. 0531 87 52 14
www.kennel-golf.de
Mo–Fr 14–20 Uhr, Sa–So 12–20 Uhr
Anfahrt: Haltestelle Richmondweg

12 Entdecken
Braunschweig – Süden

Das Schlösschen auf dem Felde

Mit dem Schloss Richmond hat einst eine kleine Prinzessin versucht, die es aus England nach Braunschweig verschlagen hatte, ihr Heimweh zu bekämpfen. Für Herzogin Augusta wurde extra ein britischer Architekt engagiert. Im Zuge dessen entstand auch einer der ersten Landschaftsgärten nach englischem Vorbild in Norddeutschland. Heute können wir uns glücklich schätzen über diese Verschwendung, denn Schloss Richmond ist ganz entzückend, und der Garten eignet sich gut für ein Picknick. Mit dem „Schloss-Spektakel“ gibt es hier einmal im Jahr ein besonderes Kleinkunstfestival, das mit einer tollen Mischung aus Jonglage und Artistik, Comedy und Pantomime, Musik und Straßentheater zu überzeugen weiß. Den krönenden Abschluss bildet das atemberaubende Feuerwerk! Übrigens: Die ehemalige Feldschlößchen Brauerei hatte ihren Namen vom Schloss Richmond bekommen – „Feldschlößchen“ wurde es nämlich auch spöttisch von den Braunschweigern genannt.

Schloss Richmond

Wolfenbütteler Straße 55
38124 Braunschweig
Anfahrt: Haltestelle Richmondweg

13 Erleben
Melverode

Aloha in Braunschweig

Der Südsee – das ist Braunschweigs Wassersportparadies. Unter anderem ist hier der Braunschweiger Seglerverein angesiedelt. Auch die Naturfreunde haben hier ein eigenes Gelände, auf dem im Sommer manchmal auch Konzerte und Lesungen stattfinden. Weitere Nutzer sind die Deutsche Lebensrettungsgesellschaft und mehrere Angelvereine. Dazu kommen noch zahllose Radfahrer und Radfahrerinnen, Jogger, Walker und Spaziergänger, die mit Begeisterung den fast 23 Hektar großen See umkreisen, den es übrigens erst seit 1965 gibt. Er ist damals im Zuge des Ausbaus der hiesigen Stadtautobahn entstanden und dient auch als Hochwasserschutzgebiet. Das kann man besonders im Frühjahr gut beobachten. Dann nämlich sind die Wege, die um den See herumführen, gerne mal überflutet. Was einerseits sehr schade ist, aber andererseits auch sehr reizvoll aussieht. Hier führt übrigens auch ein sehr schöner Radweg nach Wolfenbüttel entlang – sehr lohnend für eine Radtour in die Lessingstadt. Im Sommer kann man dann auch am besagten Seglerverein eine kurze Rast einlegen, ein Eis essen oder einen Kaffee trinken und den kleinen Segelbooten zuschauen. Oder man macht einen Abstecher zum Kennel-Bad, zum Schloss Richmond oder in den Stöckheimer Zoo. Das perfekte Naherholungsgebiet also!.

Südsee

Anfahrt: zum Beispiel über den Segler-Verein Braunschweig e.V., Schrotweg 113

14 Entdecken
Stöckheim

Tierisch gut

Braunschweigs Zoo ist klein, aber oho. Und bequem mit öffentlichen Verkehrsmitteln zu erreichen.

Zoo Braunschweig „Arche Noah"

Am Zoo 35
38124 Braunschweig
T. 0531 61 12 69
www.zoo-bs.de
tgl. 10–16.30 Uhr
Anfahrt: Haltestelle Siekgraben

15 Erleben
Heidberg

Sommer, Sonne, Sand

Wo kann man in Braunschweig am besten baden gehen? Vielleicht in den Wasserwelten? Oder im Kennel-Bad? Nicht wenige schwören auf den Heidbergsee (obwohl dort das Baden offiziell verboten ist), der mit seinem Sandstrand tatsächlich viel Urlaubsfeeling zu bieten hat. Auch die Rasenfläche ist sehr beliebt und wird unter anderem gerne von Grillfans benutzt. Am schönsten ist der See aber am frühen Morgen, wenn noch niemand anders da ist!

Heidbergsee

Heidbergstieg
38124 Braunschweig
Anfahrt: Haltestelle Sachsendamm

16 Genießen
Heidberg

Das Höchste der Gefühle

Das i-Vent im Heidberg bietet mehrere Dinge: Zum einen hat man von hier einen tollen Ausblick auf die Stadt und das Umland – kein Wunder ist es doch im 17. Stock eines Hochhauses zu finden – und zum anderen kann man hier sehr gut spanisch essen sowie leckere (auch alkoholfreie) Cocktails, Softdrinks und Biere (Tipp: „Schwarzer Herzog" aus dem Hause Wolters) genießen. Voraussetzung ist natürlich ein Mindestmaß an Schwindelfreiheit.

i-Vent

Jenastieg 3–5
38124 Braunschweig
T. 0531 288 67 67
www.ivent17.com
Di–Do 17–0 Uhr, Sa 17–1 Uhr, So 11.30–0 Uhr
Anfahrt: Haltestellen Sachsendamm und Erfurtplatz

17 Erleben
Gliesmarode

Badespaß

Vor einigen Jahren sollte das Bad in Gliesmarode geschlossen werden, da die Stadtväter und -mütter der Meinung waren, dass es viel zu viele Bäder in der Stadt gäbe. Die Bürger waren anderer Meinung und setzten sich für den Erhalt „ihres" Bades ein. Dank eines Sponsors konnte dieses auch saniert werden, sodass Sauna- und Badelandschaft wieder allen Hitze- und Wasserfreunden zur Verfügung stehen.

Badezentrum Gliesmarode
Am Soolanger 1
38104 Braunschweig
T. 0531 23 17 07 89
www.bad.bs
Mo 12–21 Uhr, Di–Fr 6.30–21 Uhr, Sa–So 9–19 Uhr
Anfahrt: Haltestelle Querumer Straßen

18 Erleben
Volkmarode

Verwunschene Idylle

Bade- und Baggerseen gibt es etliche in Braunschweig und Umgebung. Viele sind ein wenig überlaufen oder werden von Anglern für sich beansprucht. Eine Ausnahme bildet der Moorhüttenteich bei Volkmarode. Da er ein wenig abseits liegt, ist es vielleicht auch kein Wunder, dass er ein bisschen ignoriert wird. Obwohl die geflutete Tongrube mit den sie umgebenen hügeligen Wegen und der dichten Bewachsung wirklich sehr schön und besonders für Jogger und Radler gut geeignet ist.

Moorhüttenteich
Am Papenholz
38104 Braunschweig
Anfahrt: Haltestelle Moorhüttenweg

19 **Entdecken**
Querum

Grün und süß

Der Querumer Forst ist immer einen Ausflug wert, am besten mit dem Fahrrad und mit dem Fotoapparat im Gepäck, denn die vielfältige Pflanzen- und Tierwelt lädt dazu ein, bildlich festgehalten zu werden. Besonders hübsch ist der kleine Teich, der perfekt für ein kurzes Picknick geeignet ist. Das Café Torten-Tarras verführt hingegen zu einem weit ausgedehnteren Aufenthalt, denn all die Köstlichkeiten (Schwarzwälder Kirschtorte! Engadiner Walnusstorte! Eierlikörsahnetorte!) wollen ja genossen werden! Und danach kommt man sowieso nicht mehr aufs Rad. Neben diversen süßen Kuchen und Torten sind herzhafte Backwerken im Angebot, zum Beispiel der leckere Zwiebelkuchen oder die vegetarische Paprika-Rahmtorte. Ansonsten ist der Querumer Forst auch bei Spaziergängern und Reitern sehr beliebt. Der Flughafen in Waggum bietet sich übrigens als weitere Station für eine Fahrradtour an.

Querumer Forst
Steinriedendamm
38108 Braunschweig
Anfahrt: Haltestelle Zum Zoll

20 Entdecken
Bienrode

Ins kühle Nass

Der Bienroder See ist ein beliebter Angelteich, der aber auch gerne zum Sonnenbaden und Schwimmen genutzt wird – obwohl das Plantschen offiziell natürlich nicht gestattet ist.

Bienroder See
Im Großen Moor
38100 Braunschweig
Anfahrt: Haltestelle Im Großen Moore

21 Entdecken
Waggum

Flieger, grüß mir die Sonne

Die Heimat der Braunschweiger Segelflieger und Fallschirmspringer ist der Flughafen Braunschweig-Wolfsburg bei Waggum. Auch kleine und große Kinder lieben ihn, weil es einfach Spaß macht, den startenden und landenden Fliegern zuzuschauen. Der Flughafen ist zwar sehr klein, aber tatsächlich kommt man von hier durchaus in den Rest der Welt, denn es werden auch touristische Ziele angeflogen. Weitere Nutzer sind die Fußballmannschaften von Eintracht Braunschweig und dem VfL Wolfsburg sowie das VW-Werk und diverse Forschungseinrichtungen der Technischen Universität Braunschweig (das zum Deutschen Zentrum für Luft- und Raumfahrt gehört). Seit 1936 gibt es den Flughafen.

Flughafen
Lilienthalplatz 5
38108 Braunschweig
www.flughafen-braunschweig.de
Anfahrt: Haltestelle Flughafen

22 Genießen
Siegfriedviertel

Eisig und heiß

Egal zu welcher Jahreszeit. Ein Besuch bei Roni – zu finden an der Kreuzung Ottenroder Straße und Bienroder Weg – lohnt sich immer, sei es wegen der leckeren und preiswerten Pizzen oder der ausgefallenen Eissorten.

Eiscafé & Pizzeria Roni
Ottenroder Straße 59
38106 Braunschweig
T. 0531 290 68 51
hwww.ep-roni.de
tgl. 11–22 Uhr
Anfahrt: Haltestelle Siegfriedstraße

23 Entdecken
Siegfriedviertel

Nackt unter Burgundern

Siegfried der Drachentöter ist die vielleicht wichtigste germanische Sagenfigur. Sie ist unter anderem aus der berühmten Nibelungensage und der Edda bekannt. Mutig soll er gewesen sein, stark und schön und nahezu unverwundbar. Und offensichtlich hatte er nicht viel anzuziehen, denn auf dem Burgundenplatz im Siegfriedviertel trägt er nur sehr wenig. Eigentlich nur Schwert und Schild. Muss warm gewesen sein, damals in Germanien. Schon aus (lokal)historischem Interesse lohnt sich aber eine Besichtigung des Siegfried-Denkmals, den man gut mit einem Besuch des Spielplatzes auf dem Burgundenplatz oder des nicht weit entfernten Dowesees verbinden kann.

Burgundenplatz
38106 Braunschweig
Anfahrt: Haltestelle Burgundenplatz

24 Entdecken
Siegfriedviertel

Ein Garten für alle

Erst einmal ist der Dowesee natürlich ein wunderschöner Park am Rande der Stadt, der unter anderem einen der größten Kräutergärten Norddeutschlands und das Regionale Umweltbildungszentrum beherbergt. Und einen der nettesten Spielplätze der Stadt. Und eine (ganz legale) Entenfütterstelle. Besonders interessant ist jedoch das Veranstaltungsprogramm, zu dem Naturerlebnisführungen und literarische Sonntagsspaziergänge gehören, aber auch Lesungen, Rock-

und Klassik-Konzerte, Kunstausstellungen, Workshops, Genussmärkte und Kaffeegärten sowie Qi Gong- und Meditationsangebote. Nicht zu vergessen die Schatzsuchen für Kinder. Und die Märchenstunden. Und wenn das Wetter doch mal schlecht ist, geht man eben in das Gewächshaus. Der Dowesee bietet also sowohl Ruhe – er ist meist bei weitem nicht so stark frequentiert wie andere Grünanlagen der Stadt – als auch große Abwechslung durch die vielfältigen Veranstaltungen. Dabei kommt jeder auf seine Kosten. Er ist damit auch für Menschen, die nicht in der unmittelbaren Umgebung wohnen, durchaus interessant.

Dowesee
Doweseeweg 3
38112 Braunschweig
tgl. November bis Februar 9–16 Uhr, März bis April 9–18 Uhr, Mai bis August 9–20 Uhr, September bis Oktober 9–18 Uhr
Anfahrt: Haltestelle Burgundenplatz

25 Genießen
Braunschweig – Hamburger Straße

Auf geht's Eintracht, kommen und trinken!

Eintracht Braunschweig – das ist nicht nur einfach ein Sportverein, sondern eine Lebenseinstellung. Zumindest für all diejenigen, die den Club so sehr lieben, dass sie immer wieder zu den Spielen der ersten Mannschaft in das Stadion an der Hamburger Straße strömen. Auch dann, wenn das Team mal wieder kurz vor dem Abstieg steht. Seit 1895 gibt es den Braunschweiger Turn- und Sportverein und seitdem haben seine Anhänger (und Anhängerinnen) alle Höhen und Tiefen mitgemacht. 1967 wurde die Eintracht sogar Deutscher Meister. Das ist lange her und doch unvergessen. Eine der kultigsten Fankneipen war bis Dezember 2017 das Elvan in der Helmstedter Straße, doch die ist mittlerweile Geschichte. Auch die Kneipe „Zum gemütlichen Conni“ am Neustadtring gibt es nicht mehr. Allerdings wurde eine ihrer Sitzecken in die „Wahre Liebe“ verpflanzt ebenso wie Helmut „Conni“ Ecklebens Klavier. Am vollsten ist es in der Stadiongastwirtschaft natürlich an Spieltagen, doch auch sonst lohnt sich ein Besuch!

Wahre Liebe
Hamburger Straße 210
38112 Braunschweig
T. 0531 20 80 59 44
Di–So 12–0 Uhr
Anfahrt: Haltestelle Stadion

26 Erleben
Braunschweig – Hamburger Straße

In der Höhle der Löwen

Die New Yorker Lions sind die erfolgreichste American Football-Mannschaft Deutschlands. Seit 1994 spielen sie ununterbrochen in der höchsten Liga und gewannen seitdem elfmal den German Bowl und fünfmal den europäischen Pokal. Zu den Spielen kommen durchschnittlich 3200 Menschen – was für Football-Spiele in Deutschland sensationell ist. Die Atmosphäre hier ist übrigens ganz anders als beim Fußball. Sehr familienfreundlich und sehr friedlich. Eine wirkliche Volksfeststimmung!

Lions-Spiel im Stadion an der Hamburger Straße
Hamburger Straße 210
38112 Braunschweig
www.newyorker-lions.de
Anfahrt: Haltestelle Stadion

27 Entdecken
Braunschweig – Hamburger Straße

Stummer Zeuge

Der Alte Jüdischer Friedhof vor der Wasserwelt ist ein Zeuge der großen, jahrhundertelangen Tradition jüdischen Lebens in Braunschweig. Er wurde 1872 gegründet und umfasst rund 900 Grabstellen. Bis dahin hatten die Braunschweiger Juden ihre Toten auf dem Friedhof in Wolfenbüttel bestatten müssen. Am auffälligsten ist das Mausoleum für Moses ha-Conen Aschkenasy aus Odessa. Im Jahre 1890 war er in Bad Harzburg während einer Kur verstorben. 1939 wurde das letzte Begräbnis auf diesem Friedhof vorgenommen.

Alter Jüdischer Friedhof
Hamburger Straße 66
38114 Braunschweig
Besichtigung nach Anmeldung bei der Jüdischen Gemeinde:
T. 0531 455 36
Anfahrt: Haltestelle Gesundheitsamt (Wasserwelt)

28 Erleben
Braunschweig – Hamburger Straße

Wasser marsch!

Da die Stadt für den Bau der Wasserwelt mehrere kleinere Hallenbäder geschlossen hat – auch die Eishalle wurde im Vorfeld abgerissen – hatte sie es nicht ganz einfach, den Weg in die Herzen der Braunschweiger zu finden. Und auch wenn das Badeland in Wolfsburg die größeren Attraktionen bietet, muss man durchaus die Vorzüge der Wasserwelt anerkennen. Zum Beispiel die tolle Saunalandschaft!

Wasserwelt
Am Schützenplatz 1
38114 Braunschweig
T. 0531 48 21 05 00
www.wasserwelt-bs.de
So–Do 8–2 Uhr, Fr–Sa 8–23 Uhr
Anfahrt: Haltestelle Gesundheitsamt (Wasserwelt)

29 Erleben
Braunschweig – Hamburger Straße

Nicht immer so hängen lassen

Bouldern kann man an vielen Orten, auch in der freien Natur. Insbesondere der Harz bietet viele Möglichkeiten für die Braunschweigerinnen und Braunschweiger, Felswände zu erklimmen. Oder man geht in eine der beiden Boulderhallen. Das Greifhaus ist die ältere von beiden und hat eine tolle Atmosphäre. Auch als Anfänger kommt man sich nicht doof vor, denn hier sind alle sehr entspannt – und geben gerne gute Tipps, wie man die verschiedenen Strecken, die unterschiedliche Schwierigkeitsstufen haben, bewältigen kann. Das Greifhaus bietet natürlich auch Kurse an sowie die Möglichkeit, Kindergeburtstage zu feiern.

Greifhaus

Hamburger Straße 268
38114 Braunschweig
T. 0531 88 93 52 88
www.greifhaus.de
Di, Do 11–23 Uhr, Mo, Mi, Fr 14–23 Uhr, Sa–So 11–21 Uhr
Anfahrt: Straßenbahn M1, 2
Haltestelle Ludwigstraße

30 Erleben
Braunschweig – Hamburger Straße

Klein, aber oho

Das KULT ist Kult. Und Thomas Hirche, der Theaterdirektor, darf sich glücklich schätzen, dass er sich mit dem kleinsten Theater Braunschweigs seinen Lebenstraum erfüllen konnte. Kleinkunst – das klingt kleiner als es ist, denn oft ist es ganz große Kunst. Und das wird hier immer wieder von den auftretenden Liedermachern und Liedermacherinnen, Pantomimen, Bauchrednern, Zauberern und Clowns unter Beweis gestellt. Nicht zu vergessen die Auftritte des Schatten- und Improtheater-Ensembles.

Kleinkunst- und Literaturtheater KULT

Hamburger Straße 273
38114 Braunschweig
T. 0176 23 99 38 25
www.daskult-theater.de
Anfahrt: Straßenbahn M1, 2,
Haltestelle Ludwigstraße, im
Schimmelhof Eingang C2

31 Erleben
Weststadt

Singen und Schwimmen

Lust auf Beachsoccer oder Beachvolleyball? Dann auf ins Raffteichbad!

Freibad Raffteich
Madamenweg 93
38120 Braunschweig
T. 0531 28 61 30
www.stadtbad-bs.de
Mo–Fr 6–20 Uhr, Sa–So 7–20 Uhr
Anfahrt: Haltestelle Bus 418, Haltestelle Raffteichbad

32 Erleben
Weststadt

Wie die Affen

Einer der schönsten und aufregendsten Hochseilgärten der Region ist der im Westpark.

Monkeyman Hochseilgarten Westpark
Madamenweg 91
38120 Braunschweig
T. 0800 222 78 88
www.monkeyman.eu
Anfahrt: Haltestelle Bus 418, Haltestelle Raffteichbad

33 Entdecken
Weststadt

Verkannte Größe

Der Westpark wird in Braunschweig gerne unterschätzt. Kein Wunder bei der großen Konkurrenz durch die vielen anderen Grünanlagen. Dabei hat er auf seinen 240 Hektar einiges zu bieten, vor allem wenn man sich körperlich betätigen möchte. Jogger, Mountainbiker und Reiter wissen, wovon ich rede. Zudem gibt es hier noch einen kleinen Skaterpark und mehrere Spielplätze sowie eine ausgedehnte Disc-Golf-Strecke, die dazu animieren, sich ein bisschen zu bewegen. Aber keine Angst, auch wenn man einfach nur spazieren gehen möchte, kann man hier seinen Spaß haben – dank der klug angelegten Aussichtspunkte und der Landart-Kunstwerke. Am bekanntesten sind der Bilderrahmen und der Riesenstuhl. Landschaftlich sticht der Park durch seine Blumenwiesen, kleinen Forste und Feuchtbiotope heraus, die Fledermäusen und Vögeln Lebensraum bieten. Westpark – hier kommen Natur, Kultur und Sport zusammen.

Westpark
38120 Braunschweig
Anfahrt: Bus 418 Haltestelle Strombeckstraße

34 Entdecken
Watenbüttel

So muss Landtechnik!

Die Geschichte des Hofes ist bis in das 16. Jahrhundert nachweisbar. Das ist Tradition! Heute findet man auf 1400 Quadratmetern ein Museum für landwirtschaftliche Maschinen und Geräte, die bei Sonderveranstaltungen in action gezeigt werden. Immer wieder schön sind auch das Erntedankfest und der Weihnachtsmarkt!

Landtechnik-Museum Gut Steinhof
Celler Heerstraße 336
38112 Braunschweig
www.gut-steinhof.de
Von Ende März bis Mitte Dezember Sa 10–17 Uhr, für Führungen außerhalb der Öffnungszeiten bitte anrufen unter
T. 0160 97 72 47 18

35 Erleben
Gartenstadt

Vorwärts Rebellen!

Selbst Leute, die allem Militärischem abhold sind, können sich – so sie sich denn einmal getraut haben – für dieses Spiel für größere und ganz große Kinder begeistern. Eine schweißtreibende Angelegenheit ist es, durch das Szenario zu jagen, zu schießen und beschossen zu werden – natürlich immer für eine gute Sache, für die Rebellion. Ist ja klar!

Laser-Rebellion
Marienberger Straße 6c
38122 Braunschweig
T. 0531 88 93 87 96
www.laser-rebellion.com
Mo–Do 14–22 Uhr, Fr–Sa 12–0 Uhr, So 12–22 Uhr
Anfahrt: Tram 5 Haltestelle An der Rothenburg

36 Erleben
Gartenstadt

Für die Generation Minigolf

Minigolfen ist ein großer Spaß – außer es regnet. Und das tut es in Braunschweig ziemlich häufig. Wer trotzdem diesem Freizeitsport nachgehen möchte, kann dies in der Braunschweiger Gartenstadt tun. Es gibt hier mehrere (ungewöhnliche) Bahnen sowie natürlich ein ergänzendes gastronomisches Angebot.

Indoor-Minigolf
Marienberger Straße 7
38122 Braunschweig
T. 0531 878 99 01
Mo–Do 14–21 Uhr, Fr 14–23 Uhr, Sa 10–23 Uhr, So 10–21 Uhr
Anfahrt: Tram 5 Haltestelle An der Rothenburg

37 Erleben
Braunschweig und umzu

Göttliche Musik

Die St. Nicolai-Kirche in Nordsteimke, die St. Martini-Kirche und die St. Magni-Kirche in Braunschweig, der Kaiserdom in Königslutter, die Marienkirche in Wolfenbüttel, das Theater in Wolfsburg, das Schloss Gifhorn und das Bergwerk Rammelsberg in Goslar – schon die Auswahl einiger Veranstaltungsorte zeigt, dass dies kein gewöhnliches Musikfestival ist. Das gilt auch für das Programm, dessen Schwerpunkt auf klassischer Musik zwischen Klavierinterpretationen, Kammerorchester und Chorkonzert liegt. Sogar „Stars" wie die Wiener Sängerknaben treten hier auf!

Soli deo Gloria – Braunschweig-Festival
www.solideogloria.de

Wolfenbüttel

1 **Entdecken**
Wolfenbüttel

Herzogliche Behausung

Das Schloss Wolfenbüttel ist eine der größten noch erhaltenen Schlossanlagen Niedersachsens. Hier residierte dreihundert Jahre lang das Herrschergeschlecht der Welfen, weil die selbstbewussten Braunschweiger Bürger – Kaufleute und Handwerker – sie nicht in ihren Stadtmauern dulden wollten. So mussten die stolzen Adeligen in das Fischerdorf Wolfenbüttel ziehen und bauten es zu einer kleinen Stadt aus, deren Mittelpunkt eben jenes Schloss bildete. In dem heute hier untergebrachten Museum erfährt man, wie die Fürstinnen und Fürsten einst gelebt haben. Gemälde, Stuckdecken, Barockmöbel, Wandpaneelen und Wirkteppiche vermitteln einen Eindruck von der Pracht und dem Prunk, der den damaligen Von und Zus zur Verfügung stand. Sehr empfehlenswert sind auch die Sonderausstellungen sowie die Veranstaltungen des alljährlichen Kultursommers – Konzerte und Theateraufführungen – im Innenhof des Schlosses.

Schloss Wolfenbüttel
Schlossplatz 13
38304 Wolfenbüttel
T. 0531 924 60
www.schlosswolfenbuettel.de
Di–So 10–17 Uhr
Anfahrt: Haltestelle Schlossplatz

2 Entdecken
Wolfenbüttel

Bücher erzählen Geschichte(n)

Der Besuch dieser Bibliothek ist Pflicht für jeden Wolfenbüttel-Besucher! Es ist wirklich beeindruckend, durch die Hallen der Herzog August Bibliothek zu wandeln. Nur mal ein paar Zahlen, um zu verdeutlichen, worüber wir hier überhaupt sprechen: In der HAB finden Sie 400 000 alte Drucke, 12 000 Handschriften, 3000 Bibeln und 4000 Künstlerbücher sowie 3000 Landkarten, 120 Atlanten und zehn Globen. Darunter befindet sich auch das Buch, das viele Jahre lang das teuerste der Welt war: das Evangeliar Heinrich des Löwen. Schon als die Bibliothek gegründet wurde, war sie eine Sensation und wurde schon bald als das „achte Weltwunder" gerühmt. Immerhin war sie die größte nördlich der Alpen! Die Bücher, die in ihr zu finden waren, beanspruchten, das gesamte Wissen der damaligen Welt widerzuspiegeln. Zwei ihrer Leiter zählen zu den ganz Großen der deutschen Geistesgeschichte: Bei dem einen handelt es sich um Gotthold Ephraim Lessing, der aufgrund dieser Tätigkeit auch einige Jahre in Wolfenbüttel lebte (und hier einige seiner wichtigsten Werke verfasste). Der andere ist Gottfried Wilhelm Leibniz. Dieser weigerte sich jedoch, sich in das Provinznest Wolfenbüttel verpflanzen zu lassen und leitete die Bibliothek von Hannover aus. Nun ja.

Herzog August Bibliothek
Lessingplatz 1
38304 Wolfenbüttel
T. 0531 8080
www.hab.de
Di–So 10–17 Uhr
Anfahrt: Haltestelle Schlossplatz

3 Entdecken
Wolfenbüttel

Nathans Geburtshaus

Lessing also. Er war, wie gesagt, gezwungen, einige Jahre in Wolfenbüttel zu leben, was er nicht eben gerne tat. Er vermisste die Großstädte und die Geistesgrößen, mit denen er vorher zu tun hatte. Stattdessen lebte er nun in der ehemaligen Residenzstadt eines deutschen Kleinstaates. Die nächstgrößere Stadt – die „Hauptstadt" des Herzogtums – war Braunschweig. Auch nicht gerade eine Metropole. Aber immerhin war sie es doch wert, ab

und zu von ihm besucht zu werden. Er gab sich dort Alkoholexzessen hin und führte Diskussionen mit anderen Intellektuellen (die es dort immerhin gab). Welchen Weg er nahm, um die 23 Kilometer bis Braunschweig zurückzulegen, ist im Lessinghaus zu besichtigen, das in unmittelbarer Nachbarschaft der Bibliothek zu finden ist. Auch sonst ist das ehemalige Wohnhaus des großen Dichters interessant, weil dort eine didaktisch ganz gelungene Dauerausstellung über GEL (wie ihn der Braunschweiger Schriftsteller Hardy Crueger nennt) und seine Frau Eva König zu sehen ist.

Lessinghaus
Lessingplatz 1
38304 Wolfenbüttel
T. 0531 8080
www.hab.de
Di–So 10–16 Uhr
Anfahrt: Haltestelle Schlossplatz

4 Entdecken
Wolfenbüttel

Fachwerkriese

Das Zeughaus, das schräg gegenüber vom Lessinghaus liegt, diente einst als Kaserne und Waffenlager. Heute ist dort eine Forschungsbibliothek untergebracht. Und gleich daneben befindet sich mit dem Magazinhaus das größte Fachwerkgebäude Niedersachsens.

Zeughaus
Schloßplatz
38304 Wolfenbüttel
T. 05331 8080
www.hab.de
Mo–Fr 8–17 Uhr, Sa 9–13 Uhr
Anfahrt: Haltestelle Schlossplatz

5 Entdecken
Wolfenbüttel

Ein Museum für Normalos

Dass in Wolfenbüttel nicht nur hochherrschaftliche Personen wohnten, sondern eben auch ganz gewöhnliche Menschen, erfährt man im brandneuen BürgerMuseum im Schatten des großen Schlosses.

BürgerMuseum
Prof.-Paul-Raabe-Platz 1
38304 Wolfenbüttel
T. 05331 863 77
Di–So 10–17 Uhr
Anfahrt: Haltestelle Schlossplatz

6 Entdecken
Wolfenbüttel

Kugeln und Kanonen

Der Seeliger-Park befindet sich in unmittelbarer Umgebung zum Schloss. Hier kann man also mit einem kleinen Spaziergang seinen touristischen Besuch in der ehemaligen Festungsstadt Wolfenbüttel abschließen. Die unterirdischen Kasematten können Sie auf Anfrage besichtigen. Das Jugendgästehaus (Am Seeligerpark 1) und die Landesmusikakademie (gleiche Adresse) grenzen übrigens direkt an den Park.

Seeliger Park
Schulwall
www.wolfenbuettel.de/Tourismus
Anfahrt: Haltestelle Bahnhofstraße

7 Genießen
Wolfenbüttel

Wolfenbütteler Bierseligkeit
Gemütlichkeit auf drei Etagen – das ist das so schlichte wie schöne Programm der Gastwirtschaft Zimmerhof 13, die direkt an der Oker in der vielleicht schönsten Straße der Stadt liegt. Sowohl die Oker-Idylle als auch den Altstadt-Charme kann man natürlich am besten auf der wunderschönen Außenterrasse genießen. Übrigens heißt es, dass auch der Witzeerzähler Fips Asmussen die 13 sehr zu schätzen wusste in der Zeit, in der er in Wolfenbüttel gelebt hat.

Zimmerhof 13
Großer Zimmerhof 13
38300 Wolfenbüttel
T. 05331 900 62 63
Mo–Sa 17–2 Uhr
Anfahrt: Haltestelle Kornmarkt

8 Genießen
Wolfenbüttel

Qualitätsshopping
Ein ganz besonderes Spezialitätengeschäft finden Sie in den Krambuden – also genau dort, wo schon immer in Wolfenbüttel Handel betrieben wurde. Die Auswahl der Senf- und Tee-Variationen wird ergänzt durch ein Angebot erlesener Gewürze, Getränke und Süßwaren. Und in der angeschlossenen Teestube können Sie es sich gemütlich machen.

Tires Tee und Senf
Krambuden 18
38300 Wolfenbüttel
T. 05331 945 29 65
www.teeundsenf.de
Anfahrt: Haltestelle Kornmarkt

9 Genießen
Wolfenbüttel

Zum Essen in den Keller
Ein Lichtschacht in der Decke bringt Helligkeit in das urgemütliche Kellerlokal mit den Natursteinwänden. Kerzenschein und italienische Musik lassen die so preiswerten wie ungewöhnlichen Pasta- und Pizza-Variationen noch besser schmecken.

Cantina dell'Arte
Rosenwall 2
38300 Wolfenbüttel
T. 05331 945 08 63
Anfahrt: Haltestelle Kornmarkt

10 Entdecken
Wolfenbüttel

Fortgebildet

Wolfenbüttel ist auch eine Stadt der Kultur. Und das liegt nicht nur an G.E. Lessing, sondern auch an der Bundesakademie für kulturelle Bildung, die man gar nicht genug loben kann, weil sie so viele wunderbare Workshops und Kurse für Menschen anbietet, die sich künstlerisch betätigen wollen. Auf der Homepage kann man das gesamte Angebot an Fortbildungen in den Bereichen Bildende Kunst, Darstellende Kunst, Kulturmanagement, -politik und -wissenschaft, Literatur, Museum und Musik einsehen. Ein schöner Nebeneffekt ist, dass es in der Schünemannschen Mühle, dem Gästehaus der Akademie, regelmäßig tolle öffentliche Lesungen der Gastdozenten gibt!

Schünemannsche Mühle
Rosenwall 17
38300 Wolfenbüttel
T. 0531 80 84 11
www.bundesakademie.de
Anfahrt: Haltestelle Kornmarkt

11 Entdecken
Wolfenbüttel

Canale grande

Italien liegt an der Oker. Zumindest ließe die Ortsbezeichnung Klein-Venedig darauf schließen. Dabei liegt hier eigentlich ein Irrtum vor. Es waren keineswegs Venezianer, die die Kanäle anlegten, die für Wolfenbüttel in der Zeit, als es zur Residenzstadt ausgebaut wurde, so charakteristisch waren. Vielmehr beauftragen die Welfen-Herzöge holländische Baumeister, Grachten nach dem Vorbild ihres Heimatlandes anzulegen. Heutzutage ist davon leider nicht mehr alles zu sehen, aber ein bisschen ist doch übrig geblieben. Es lohnt sich also, durch die Altstadt zu flanieren und sich dabei wie im Urlaub vorzukommen. Egal ob in Amsterdam oder in Venedig.

Klein-Venedig
Stobenstraße
Anfahrt: Haltestelle Kornmarkt

12 Genießen
Wolfenbüttel

Es lebe das Leben

Italien liegt an der Oker. Zumindest kann man in dem Laden und Restaurant Vinum Italicum diesen Eindruck bekommen: Weine, Grappe, Liköre, Brände, Olivenöle und Nudeln lassen das Herz eines jeden Liebhabers mediterraner Spezialitäten höher schlagen. Im angeschlossenen Bistro kann man diese auch gleich vor Ort verköstigen.

Vinum Italicum
Schiffwall 3
38300 Wolfenbüttel
T. 05331 90 26 94
www.vinumitalicum.de
Di–Fr 18–22.30 Uhr, Sa 12–15 Uhr und 18–22.30 Uhr
Anfahrt: Haltestelle Kornmarkt

13 Genießen
Wolfenbüttel

Bier, Wein und mehr

Auf Basis zweier Familienrezepte begann die Privatbrauerei Stebner 2016 mit dem Brauen eines leckeren Landbiers. Inzwischen gehören auch Pils, Altbier, Weizen und weitere zum Angebot. Ein Highlight in der braubar sind die Ritterabende mit mittelalterlicher Musik und Gauklern, die für jeden Spaß zu haben sind.

braubar Wolfenbüttel
Okerstraße 16
38300 Wolfenbüttel
T. 05331 351 99 81
www.braubar-wolfenbuettel.de
Mi–Do 17–23 Uhr, Fr–Sa 17–0 Uhr
Anfahrt: Haltestelle Breite Herzogstraße

14 Erleben
Wolfenbüttel

Es weihnachtet sehr

Zu Weihnachten schmückt Wolfenbüttel seinen zentralen Stadtmarkt nicht einfach mit irgendeinem Baum. Alljährlich wird eine sogenannte Friedenstanne aus Norwegen hier aufgestellt, in Erinnerung an die Schrecken des Zweiten Weltkriegs und dass diese zum Glück vorbei sind. Der Weihnachtsmarkt selbst ist nicht nur einer der schönsten der Region, sondern auch einer der ältesten. Seit 1585 wird er hier auf dem Stadtmarkt begangen. Zu naschen gibt es viele lokale (Bratwurst), nationale (Schupfnudeln) und internationale (Hamburger) Spezialitäten, dazu natürlich leckeren Lebkuchen und heißen Glühwein. Eine besondere Attraktion sind die gemütlichen Höfe (zum Beispiel der Museumshof hinter der Kanzlei), die am Wochenende geöffnet sind, um die vielen Besucher fassen zu können.

Stadtmarkt
38300 Wolfenbüttel
Anfahrt: Haltestelle Kornmarkt

15 Genießen
Wolfenbüttel

Stille Idylle

Wolfenbüttel hat eine ganz reizende Altstadt (mit 600 zum Teil sehr gut erhaltenen Fachwerkhäusern). Und hier gibt es eine ganze Reihe wunderschöner Lokalitäten und Lokale, die einen Besuch lohnen. Eines davon ist das Hofcafé, das einen gemütlichen Gastraum besitzt und einen noch schöneren Garten, in dem man vom Alltag des Arbeitslebens oder von den Anstrengungen der Shoppingtour abschalten kann.

Hofcafé
Klosterstraße 5
38300 Wolfenbüttel
T. 05331 950 94 44
Di–Sa 9–18 Uhr, So 14–18 Uhr
Anfahrt: Haltestelle Kornmarkt

16 Entdecken
Wolfenbüttel

Selber machen, schlauer werden

Museen: Viele Erwachsene lieben sie, Kinder nicht immer. Warum eigentlich nicht? Wahrscheinlich weil man meistens nichts anfassen darf, immer nur gucken und Erklärtafeln lesen muss. Das ändert sich zum Glück langsam. Immer mehr Museen versuchen, andere Wege zu gehen, um die Kinder, die ja heutzutage schließlich über Smartphones mit der ganzen Welt in Verbindung stehen, doch noch irgendwie zu erreichen. In diesem passiert das, in dem man den Besuchern und Besucherinnen die Möglichkeit gibt, selbst Hand an zu legen. Zum Beispiel indem man sie Mehl mahlen oder Feuersteine schlagen lässt. Danach weiß man, was man getan hat beziehungsweise was die Menschen damals leisten mussten, um ein Stück Brot zu essen. „Archäologie in der Kanzlei" – der Name deutet schon an, dass es hier hauptsächlich um die Vor- und Frühgeschichte und das Mittelalter geht. Bei dem Gebäude, in dem das Museum untergebracht ist, handelt es sich übrigens um ein ehemaliges Verwaltungsgebäude der Welfen, eben um die Kanzlei.

Archäologie in der Kanzlei
Kanzleistraße 3
38300 Wolfenbüttel
T. 05331 858 69 90
www.3landesmuseen.de
Fr–So 10–17 Uhr
Anfahrt: Haltestelle Kornmarkt

17 Entdecken
Wolfenbüttel

Für Kavaliere und Kunstliebhaber

Im Kavaliershaus lebten einst die Sprösslinge der Herzogsfamilie und ließen es sich gut gehen. Heutzutage hat hier der örtliche Kunstverein sein Domizil gefunden und damit eine ganz wunderbare, zentral gelegene Location für seine wechselnden Ausstellungen geschaffen. Immer wieder einen Besuch wert!

Kunstverein
Reichsstraße 1
38300 Wolfenbüttel
T. 05331 278 75
www.kunstverein-wf.de
Anfahrt: Haltestelle Kornmarkt

18 Genießen
Wolfenbüttel

Wenn einem die Wurst nicht Wurscht ist

So volkstümlich wie die benachbarte Wolters Bierstube ist auch der Imbiss Wursteluffe, der – der Name deutet es schon an – das Herz jedes Carnivoren höher schlagen lässt. Und in der benachbarten Wolters Bierstube gibt's keine Weinkarte, keine regionalen oder internationalen Spezialitäten, sondern einfach nur gutes einheimisches Bier – und blaugelbe Plüschlöwen für die Fans des großartigsten Fußballvereins (gemeint ist Eintracht Braunschweig) der Welt!

Zur Wursteluffe
Kornmarkt 11
38300 Wolfenbüttel
T. 05331 2843
Anfahrt: Haltestelle Kornmarkt

19 Genießen
Wolfenbüttel

Wenn's um die Wurst geht

In Braunschweig gibt's die Fleischerei Goethe, hier in Wolfenbüttel gibt's eine mit dem Namen Heine. Die großen deutschen Dichter kommen also in dieser Branche keineswegs zu kurz. Und sind die hier kredenzten Wurstkreationen nicht auch ein Gedicht? Zumindest sind sie besser als die Stangenware aus dem Supermarkt!

Fleischerei Heine
Kornmarkt 15
38300 Wolfenbüttel
T. 05331 2818
www.fleischerei-heine.de
Mo–Fr 7.30–18 Uhr, Sa 7–13 Uhr
Anfahrt: Haltestelle Kornmarkt

20 Genießen
Wolfenbüttel

Alles andere als kalter Kaffee

Das Pinocchio rühmt sich nicht nur „die kleinste Kaffeerösterei im Norden" zu sein, sondern ist auch ein winziges, aber umso liebenswerteres Café am Kornmarkt. Den Eingang finden Sie in der Kleinen Kirchstraße.

Pinocchio
Kornmarkt 14
38300 Wolfenbüttel
www.jo-weigmann.jimdo.com
Mo–Fr 10–16.30 Uhr, Sa 10–14 Uhr
Anfahrt: Haltestelle Kornmarkt

21 Genießen
Wolfenbüttel

Italienische Gefühle

Mitten in der Altstadt von Wolfenbüttel ist das kleine feine italienische Restaurant Da Giovanni zu finden. Es zeichnet sich durch einen Gewölbekeller, eine Terrasse, eine erlesene Weinkarte, aufmerksames Personal und ganz wunderbare Pastagerichte aus.

Da Giovanni
Harzstraße 20
38300 Wolfenbüttel
T. 05331 90 34 90
Täglich 11.30–15 Uhr und 17.30–23.30 Uhr
Anfahrt: Haltestelle Kornmarkt

22 Entdecken
Wolfenbüttel

Wer suchet, der findet

Hier gibt es alles und nichts und noch mehr. Also Geschirr und Besteck, Antikes und Nippes. Was man halt so braucht (oder nicht braucht, aber gerne hätte). Es ist immer wieder ein Genuss, in dem kleinen Laden zu stöbern!

Anno Dazumal
Kleine Kirchstraße 6
38300 Wolfenbüttel
T. 05331 2068
Anfahrt: Haltestelle Kornmarkt

23 Entdecken
Wolfenbüttel

Pflichtprogramm

Der Besuch der Marienkirche, der Hauptkirche am Kornmarkt, gehört einfach zu einer Visite in Wolfenbüttel dazu. Es handelt sich dabei schließlich um den ersten großen Kirchenneubau der Evangelischen Kirche! Und natürlich wird hier auch dem Kirchenkomponisten Michael Praetorius angemessen gedacht.

Marienkirche

Michael-Praetorius-Platz 9
38300 Wolfenbüttel
Anfahrt: Haltestelle Kornmarkt

24 Genießen
Wolfenbüttel

Tradition pur

Der Bayerische Hof ist eine der führenden Gaststätten Wolfenbüttels. Der Name lässt es schon vermuten: Hier gibt es eher die traditionelle deutsche Küche – die allerdings in ausgezeichneter Qualität und in einem urgemütlichen Ambiente serviert wird. Auch der Biergarten mit Blick auf den Kornmarkt und die Marienkirche sowie die St.-Trinitatis-Kirche lädt zum Verweilen ein.

Bayerischer Hof

Brauergildenstraße 5
38300 Wolfenbüttel
T. 05331 5078
www.bayerischer-hof-wf.de
tgl. 11–15 Uhr und 17.30–23 Uhr
Anfahrt: Haltestelle Kornmarkt

25 Erleben
Wolfenbüttel

Klein, aber fein

Selbstorganisierte Kulturveranstaltungen für junge (junggebliebene) Erwachsene. Das ist das Programm der Veränder.Bar. Dazu kann alles Mögliche gehören, vom Table Quiz über den Spielenachmittag bis zum Poetry Slam. Und das ganze in einem urgemütlichen Raum mit Sofa, Sessel und Theke, in netter Atmosphäre mit unschlagbaren Preisen!

Veränder.Bar
Kreuzstraße 13
38300 Wolfenbüttel
T. 05331 865 20
Di 15–19 Uhr, Mi–Do 15–22 Uhr,
Fr 18–22 Uhr
Anfahrt: Haltestellen Breite Herzogstraße und Kornmarkt

26 Genießen
Wolfenbüttel

Heißer Tipp für Eisfans

Wolfenbüttels leckerste (innerstädtische) Eisdiele: Das Eiscafé Martini bietet Eis in zahllosen Geschmacksrichtungen. Das ganze natürlich in bester Qualität!

Eiscafé Martini
Lange Straße 4
38300 Wolfenbüttel
T. 05331 5921
Do–Di 10–21 Uhr
Anfahrt: Haltestelle Kornmarkt

27 Erleben
Wolfenbüttel

Wie früher!

Der Filmpalast ist noch so ein Kino alter Schule. Natürlich werden hier auch die aktuellen Blockbuster gezeigt, doch auch Filmkunst-Streifen finden ihren Platz. Die Eintrittspreise sind sehr moderat! Muss ich noch mehr sagen, um dieses Kino anzupreisen?

Filmpalast
Lange Straße 5
38300 Wolfenbüttel
T. 05331 1239
www.filmpalast-wf.de
Anfahrt: Haltestellen Lange Straße und Kornmarkt

28 Entdecken
Wolfenbüttel

Erschreckend

Diese Gedenkstätte ist nichts für zarte Gemüter. Um sie besichtigen zu können, muss man sich zwei Wochen vorher anmelden, um dann durch die Gänge der Justizvollzugsanstalt zu ihr geführt zu werden. Das kann durchaus Beklemmungen auslösen! Aber auch das Thema der Gedenkstätte hat es in sich: In den 30er-Jahren des 20. Jahrhunderts befand sich in diesem Gefängnis eine der zwei zentralen

norddeutschen Hinrichtungsstätten des NS-Regimes. Bis Kriegsende starben hier mindestens 516 Menschen – zum Teil aufgrund absurder Urteile, die nach dem „Heimtückegesetz" oder der „Volksschädlingsverordung" gefällt wurden, wodurch auch „Schwarzschlachten", „Plündern" und „Feindsenderhören" todeswürdige Vergehen waren. 15 Stelltafeln und 20 biografische Ordner informieren darüber, wie die NS-Justiz mit Homosexuellen, Zeugen Jehovas und Juden umging. Ein Sonderstrafrecht bestand auch gegen Polen, die, wie Juden, Sinti und Roma, zu den „minderwertigen" Volksgruppen gezählt wurden. Für Besuchergruppen werden übrigens auch Filmvorführungen organisiert. In einem der Filme wird das Schicksal eines 16-jährigen Zwangsarbeiters geschildert, der wegen „Brandstiftung" zum Tode verurteilt wurde.

Gedenkstätte in der JVA
Ziegenmarkt 10
38300 Wolfenbüttel
T. 05331 807
https://wolfenbuettel.stiftung-ng.de
Di–So 11–17 Uhr
Besuch nur nach Voranmeldung
Anfahrt: Haltestelle Breite Herzogstraße

29 Entdecken
Wolfenbüttel

Geschenkt
Im Haus der Geschenke gibt es (fast) alles, was man Menschen, die man mag, zukommen lassen kann. Natürlich in Markenqualität. Alessi, Rosenthal, Leonardo, Kahla, Le Creuset, Wendt & Kühn, Räder, Rösle, Stelton heißen nur einige der Firmen, deren Produkte hier präsentiert werden.

Vitrine – Haus der Geschenke
Breite Herzogstraße 15
38300 Wolfenbüttel
T. 05331 5856
www.vitrine-wf.de
Mo, Di, Do, Fr 9–18 Uhr, Mi 9–13 Uhr, Sa 9–14 Uhr
Anfahrt: Haltestelle Breite Herzogstraße

30 Erleben
Wolfenbüttel

Lessings Vermächtnis
Noch einmal Lessing: Der große Dichter sprach sich in seinen theoretischen Schriften gegen die vorherrschende Literaturtheorie aus und versuchte auf diese Weise zur Entwicklung eines bürgerlichen Theaters in Deutschland beizutragen. Shakespeare – in Deutschland kaum rezipiert – sah er in diesem Zusammenhang als vorbildlich an und bezog sich auch positiv auf Aristoteles. Natürlich ließ er diese Kritik in seinem eigenen Werk auch praktisch werden, zum Beispiel in seinen Trauerspielen „Miss Sara Samson" und „Emilia Galotti". Mit der „Minna von Barnhelm" schuf er aber auch das Vorbild für das klassische deutsche Lustspiel. Sein wichtigstes Werk wurde das postum veröffentliche Stück„Nathan der Weise" (dem übrigens ein eigenes Denkmal gewidmet ist, das in unmittelbarer Umgebung des Lessing-Hauses zu finden ist). Es gilt bis heute als stilbildend und ist inhaltlich immer noch hochaktuell, denn die Forderung nach religiöser Toleranz hat auch heute noch große Berechtigung. Viel-

leicht mehr denn je, wenn man bedenkt, wie Menschen unterschiedlichen Glaubens heute in Deutschland zusammenleben. Würden sich alle daran halten, was Lessing zu diesem Thema geschrieben hat – insbesondere in der „Ringparabel" –, gäbe es wohl keine Probleme damit. Kein Wunder also, dass das Wolfenbütteler Theater nach ihm benannt ist – und 1909 mit einer Aufführung des Nathans eröffnet wurde. Es darf mit Fug und Recht auch als eines der schönsten Theater Niedersachsens angesehen werden! Es hat zwar kein eigenes Ensemble, bietet mit seinen 100 Gastspielen trotzdem höchste Qualität.

Lessingtheater
Harztorwall 16
38300 Wolfenbüttel
T. 05331 710 84 30
www.lessingtheater-wf.de
Anfahrt: Haltestellen Lange Straße und Kornmarkt, mit dem Auto A2 Ausfahrt Wolfenbüttel-Nord/Zentrum, circa 4,5 Kilometer immer geradeaus

31 Genießen
Wolfenbüttel

Restauriertes Restaurant

Zwischen dem ehrwürdigen Lessingtheater und der wunderschönen Parkanlage des Stadtgrabens gelegen finden Sie in diesem denkmalgeschützten und liebevoll restaurierten Gebäude ein erstklassiges Restaurant mit Bar, Weingrotte und Hotel. Die Küche ist regional, saisonal und traditionell. Empfehlenswert sind zum Beispiel die Fisch- und Wildgerichte. Einst war hier – seit 1838 – das Türkische Kaffeehaus untergebracht.

Parkhotel Altes Kaffeehaus

Harztorwall 18
38300 Wolfenbüttel
T. 05331 8880
www.parkhotel-wolfenbuettel.de
tgl. bis 10 Uhr Frühstück sowie 17–0 Uhr, Kaffeezeit: Fr–So 15–17 Uhr, So 11.30–14 Uhr Mittag
Anfahrt: siehe Tipp 30

32 Erleben
Wolfenbüttel

Zu jeder Jahreszeit

Sportschwimmen, Baden und Saunieren – das gibt es in vielen Bädern. Hier kann man jedoch auch noch Erlebnisgolf spielen oder sich ein Kanu leihen für einen Ausflug auf der Oker.

Stadtbad Okeraue

Harztorwall 21
38300 Wolfenbüttel
T. 05331 40 86 90
www.stadtbad-okeraue.de
Stadtbad So–Do 9.30–21 Uhr, Fr–Sa 9.30–22 Uhr
Sauna So–Do 10–22 Uhr, Fr–Sa 10–23 Uhr
Anfahrt: Haltestelle Stadtbad Okeraue

33 Genießen
Wolfenbüttel

Am Sandstrand

Dieses Tier gibt es nur hier: den Strandwolf. Die Beachbar bietet Cocktails, Burger, Steaks, Liegestühle und natürlich viel Sand – für den kleinen Urlaub zwischendurch.

Strandwolf
Landeshuter Platz 6
38300 Wolfenbüttel
T. 0160 95 99 50 15
www.strandwolf.de
Mo–Do 15–23 Uhr, Fr 15–open end, Sa 13–open end, So 10–23 Uhr
Anfahrt: Haltestellen Breite Herzogstraße und Friedhof

34 Erleben
Wolfenbüttel

Ab auf die Oker

Kanus, Funboards und das unsinkbare Whaly – hier kann man nicht nur mit dem Floß über die idyllische Oker schippern (mit Spreewaldgurkenverköstigung), sondern auch selbst aktiv werden. Und für die Kinder gibt es natürlich Kaperfahrten!

OkerPirat
Marktstraße 4
38300 Wolfenbüttel
T. 05331 35 87 58
www.okerpirat.de
Anfahrt: Haltestellen Leopoldstraße und Friedhof

35 Erleben
Wolfenbüttel

Entdecke die Welt!

Kinder und Museen – das scheinen manchmal zwei Welten zu sein, die nicht zueinander passen. Tun sie aber! Insbesondere im Aha-Museum, denn auf den 400 Quadratmetern der Einrichtung ist alles auf die kleinen Besucherinnen und Besucher ausgerichtet. Hier darf man alles anfassen – und damit auch begreifen. Nein, man soll das sogar! So ist es gedacht und so wird es gemacht. Apropos „gemacht“: Das Beste ist, dass die Ausstellungen selbst gemacht sind. Jedes Jahr im Winter setzt sich nämlich das ehrenamtliche Team des Aha-Museums zusammen und denkt sich ein neues Thema aus. Danach wird geplant und getan und gebaut und geschraubt – bis dann die neue Ausstellung im Frühjahr Eröffnung feiern kann. Die Ausstellungen verbinden oft naturwissenschaftliche mit gesellschaftspolitischen Themen. Hier ist für jeden etwas dabei! Auch beim

Rahmenprogramm übrigens, das aus Workshops besteht, in denen sich natürlich auch jeder beim Basteln, Malen oder Tanzen einbringen kann. Übrigens: Auch Jugendliche und Erwachsene haben natürlich ihren Spaß in diesem Museum! Und eines ist ganz gewiss – hier steckt ganz viel Herzblut drin!

Aha-Erlebnismuseum
Lindener Straße 15
38300 Wolfenbüttel
T. 05331 607 03 77
www.ahamuseum.de
Mitte März bis Mitte November Mo, Fr 9–12 Uhr und 15.30–17.30 Uhr, Di–Do 9–12 Uhr, Sa–So 14–17 Uhr
Anfahrt: Haltestelle Zeughausstraße, mit dem Auto A 39, Abfahrt Wolfenbüttel-Nord, auf der B79 bis Wolfenbüttel, dort Hinweisschildern zur Polizei folgen

36 Entdecken
Wolfenbüttel

Augenschmaus und Hörgenuss

Die Firma Kuba-Imperial bestand vom Ende der 1940er- bis Anfang der 1970er-Jahre und stellte Tonmöbel her. Tonmöbel? Genau: Tonmöbel (manchmal auch Musiktruhen genannt) waren Kombinationen aus Radios, Plattenspielern, Tonbandgeräten oder Fernsehern in kunstvoll angefertigten Holzgehäusen. Die Firma war in Wolfenbüttel ansässig, und an der alten Fertigungsstätte gibt es nun ein ehrenamtlich betriebenes Museum, in dem die kleinen Kunstwerke ausgestellt sind. Auch Produkte anderer Firmen haben hier eine Heimat gefunden. Das Museum mit seinen 600 Quadratmetern Ausstellungsfläche ist sowohl für Leute sehenswert, die sich für Technik interessieren, als auch für solche, die einfach Lust auf eine Reise in die Kulturgeschichte der guten alten Bundesrepublik haben. Ja, da kann man durchaus nostalgisch werden und sich an die Zeit erinnern, in der Möbel noch so klangvolle Namen wie Puszta oder Napoli trugen!

Kuba Tonmöbel
Lindener Straße 15
38300 Wolfenbüttel
T. 05331 855 02 61
www.kuba-museum.de
Jeder zweite Sa im Monat
14–18 Uhr
Anfahrt: siehe Tipp 35

37 Erleben
Wolfenbüttel

Kultur für alle

Partys, Konzert, Kabarett und eine Offene Bühne – die Kuba-Halle ist ein Veranstaltungszentrum, wie es in jeder Stadt gebraucht wird.

KuBa-Halle
Lindener Straße 15
38300 Wolfenbüttel
T. 05331 377 87
www.kuba-halle.de
Anfahrt: siehe Tipp 35

38 Erleben
Wolfenbüttel

Darauf einen Jägermeister

Wolfenbüttel ist der Sitz des Stammwerks eines Weltkonzerns – nämlich des Kräuterlikör-Produzenten Jägermeister. Bei der anderthalbstündigen Führung durch den Betrieb erfährt man so ziemlich alles über die Herstellung des Zaubertranks. Bis auf die streng geheime Rezeptur natürlich. Immerhin weiß man, dass Sternanis, Kardamom, Zimt, Apfelsinenschale und Ingwerwurzeln zu den 56 Zutaten gehören, die den weltbekannten Kräuterlikör so unverwechselbar machen – und der sich auch bei jungen Menschen großer Beliebtheit erfreut.

Werksführung Jägermeister
Jägermeisterstraße 7–15
38296 Wolfenbüttel
www.jaegermeister.de
nur nach Voranmeldung unter T. 05331 862 80 oder via das Anmeldeformular der Homepage. Jeden ersten Mo im Monat auch Führungen mit Stadtrundgang für Einzelpersonen möglich.
Mindestalter 18 Jahre
Anfahrt: Haltestelle Jägermeisterstraße, mit dem Auto über die A 39, Abfahrt Wolfenbüttel-Nord, auf der B79 bis Wolfenbüttel, dort Hinweisschildern zur Polizei folgen

39 Entdecken
Wolfenbüttel

Ein ganz besonderer Friedhof

Der Friedhof der jüdischen Gemeinde Wolfenbüttel wurde 1724 von dem Hofjuden Marcus Gumpel Fulda ben Mose gegründet. Seine eigene Grabstelle und die seiner Frau sind daher auch die ältesten Gräber. Insgesamt sind hier immerhin 224 Grabsteine zu sehen, die beeindruckend Zeugnis ablegen von der Bedeutung der jüdischen Bevölkerungsgruppe für die Stadt.

Jüdischer Friedhof
Am Jahnstein
38302 Wolfenbüttel
Besichtigung nach Voranmeldung bei der Jüdischen Gemeinde: T. 0531 45 536
Anfahrt: Haltestelle Ahlumer Straße

40 Erleben
Wolfenbüttel

Wo man den Bogen raus hat

Trend- und Randsportarten gibt es viele – doch das Bogenschießen hat die größte Bandbreite. Das Bogenschießcentrum bietet sowohl die Möglichkeit zum quasi kontemplativen Zielschießen als auch zu einer aufregenden Ballerei zwischen zwei Gruppen, deren Mitglieder sich dabei hinter Matten verschanzen können – ein großer Spaß, auch für Geburtstagsfeiern für kleinere oder größerer Kinder (wenn nicht sogar für Erwachsene). Einfach mal ausprobieren!

Bogenschießcenter
Schweigerstraße 12
38302 Wolfenbüttel
T. 05331 90 50 30
www.bsc-wf.de
Di–Fr 16–20 Uhr, Sa–So 14–18 Uhr
Anfahrt: Haltestelle Schweigerstraße

41 Erleben
Wolfenbüttel

Defense!

Bis zu 700 Zuschauerinnen und Zuschauer kommen zu den Spielen der MTV Herzöge, die immerhin in der 2. Bundesliga spielen. Womit die Basketballer die erfolgreichste Sportmannschaft in der Lessingstadt sind! Hier macht Sport wirklich Spaß – auch das Zuschauen und Mitgehen!

Herzöge-Spiel in der Lindenhalle Wolfenbüttel
Halberstädter Straße 1a
38300 Wolfenbüttel
www.herzoege-wolfenbuettel.de
Anfahrt: Haltestelle Lindenhalle

42 Entdecken
Wolfenbüttel

Grüner Daumen hoch

Seit 300 Jahren gibt es Gartenbau in Wolfenbüttel – hier erfahren Sie alles über die große Geschichte dieser Kunst.

Gärtnermuseum
Neuer Weg 33
38302 Wolfenbüttel
T. 05331 856 57 78
www.gaertnermuseum.de
Anfahrt: Haltestelle Mittelweg

43 Erleben
Wolfenbüttel-Fümmelse

Natürlich Baden

Der Fümmelsee in Fümmelse ist gar nicht weit von der Wolfenbütteler City entfernt und doch ist hier nichts vom städtischen Stress zu spüren, wenn man es sich auf der Liegewiese gemütlich gemacht hat oder sich in die Fluten des Badesees stürzt. Schwimmen, Plantschen, Rutschen – hier kommt jeder auf seine Kosten. Sogar dann, wenn man gar nicht ins Wasser will, sondern nur auf dem Sonnendeck des Cafés sitzt und sich am Treiben der Badenden ergötzt.

Fümmelsee
Am Fümmelsee 5
38304 Wolfenbüttel
Anfahrt: Haltestelle Fümmelse Bad

44 Genießen
Wolfenbüttel-Salzdahlum

Kühler Genuss

Diese Eisdiele im beschaulichen Salzdahlum ist nicht nur von Wolfenbüttel, sondern auch von einigen Braunschweiger Stadtteilen aus gut zu erreichen, zum Beispiel mit dem Fahrrad, nachdem man sich am Heidbergsee in der Sonne geaalt hat. Der Weg lohnt sich – auch für Veganer!

Eiszeit
Braunschweiger Straße 5
38302 Wolfenbüttel
www.eiszeit-salzdahlum.de
Mo–Sa 13–20 Uhr, So 12–20 Uhr
Anfahrt: Haltestelle Salzdahlum Braunschweiger Straße

45 Genießen
Wolfenbüttel-Salzdahlum

Erntefrisch

Freilandeier, Erdbeeren, Frühkartoffeln – im Hofladen der Domäne Salzdahlum gibt es selbst erzeugte Produkte wie diese, aber auch viele andere. Die Qualität muss eben stimmen! Daher gibt es hier auch Spargel aus Winnigstedt sowie frisches Obst und knackiges Gemüse. Und natürlich Kürbisse, Wurst- und Wildspezialitäten, Konfitüren, Honig ... Besser als jeder Supermarkt. Und gut für das ökologische Gewissen!

Domäne Salzdahlum
Braunschweiger Straße 26
38302 Wolfenbüttel
T. 05331 713 08
www.domaene-salzdahlum.de
Mo–Fr 9–12 Uhr und 15–18 Uhr, Sa 9–13 Uhr
Anfahrt: Haltestelle Salzdahlum Heinebeeksweg

46 Erleben
Wolfenbüttel

Ein Italiener in Wolfenbüttel

Der italienische Kavalier und Schriftsteller Giacomo Casanova besuchte 1764 acht Tage lang Wolfenbüttel – und hielt sich fast ausschließlich in der nicht weniger berühmten Bibliothek auf. „Heute weiß ich", schrieb er später in aller Bescheidenheit, „dass nur das Zusammentreffen ganz unbedeutender Umstände nötig gewesen wäre, um mich in dieser Welt zu einem wahrhaft Weisen zu machen, denn die Tugend hat mich stets mehr angezogen als das Laster." Beim alljährlichen Casanova-Abend im Renaissance-Saal im Schloss Wolfenbüttel erzählt der berühmte Lebemann bei einem Drei-Gänge-Menü von den „wohl schönsten Tagen seines Lebens".

Casanova-Abend im Schloss Wolfenbüttel
www.wolfenbuettel.de/Stadtleben/Veranstaltungen
Anfahrt: Haltestelle Schloss

47 Erleben
Wolfenbüttel

Dem größten Sohn der Stadt

Alle zwei Jahre findet in Wolfenbüttel und Braunschweig das Lessing-Festival statt, bei dem nicht nur das Leben und Werk des großen Meisters betrachtet, begutachtet und vorgestellt, sondern auch dessen Wirkung untersucht wird. Und natürlich geht es auch darum, sein Werk fortzuführen, seinen Kampf für Toleranz und Aufklärung.

Lessing-Festival
www.wolfenbuettel.de/Stadtleben/Veranstaltungen

48 Erleben
Wolfenbüttel

Rock in der Altstadt

Alle zwei bis drei Jahre wird die Altstadt Wolfenbüttels im August zu einer großen Bühne. 2018 wird vom 17. bis 19. August gefeiert. Denn da steht zudem der 900. Geburtstag der Lessingstadt an. Im Mittelpunkt: der Stadtmarkt und der historische Festumzug. Immer dabei: die Jägermeister-Blaskapelle.

Altstadtfest Wolfenbüttel
www.wolfenbuettel.de/Stadtleben/Veranstaltungen
Anfahrt: Haltestelle Kornmarkt

49 Erleben
Wolfenbüttel

Wasserspiele

Ganz neu in Wolfenbüttel: das Stadtgrabenfest. Hier geht es leiser zu, besinnlicher, ja, einfach schöner, mit einer Leinwand aus Wasser und mit viel Licht und Lasertechnik.

Stadtgrabenfest
www.wolfenbuettel.de/Stadtleben/Veranstaltungen
Anfahrt: Haltestelle Lange Straße

Um Elm und Asse

Schöppenstedt
Schöppenstedt-Eitzum
Uehrde
Lucklum
Destedt
Evessen
Cremlingen
Königslutter am Elm
Königslutter am Elm-Bornum
Räbke
Tetzelstein
Erkerode/Reitlingstal
Schöningen
Twieflingen/Wobeck
Rennau
Schladen
Werlaburgdorf
Klein Mahner
Isingerode
Hornburg

1 Entdecken
Schöppenstedt

Närrische Geschichte(n)

Till Eulenspiegel – man kann sich schon fragen, warum diese Figur so populär geworden ist. Der originale Till, wie er in den ursprünglichen Geschichten des Braunschweiger Zollschreibers und Schriftstellers Hermann Bote dargestellt wird, ist nämlich ein Sadist und ein Nihilist. Er kennt keine Moral, weiß aber um seine Interessen – und wie er sie durchsetzen kann. Dabei schreckt er vor keiner Untat zurück! Er stiehlt, er lügt, er betrügt – skrupellos und mit boshafter Freude. Wird ihm jedoch selbst Unrecht getan, dreht er richtig auf und nimmt furchtbare Rache. Sogar noch im Grab kann er es nicht lassen, von seinen derben Scherzen Gebrauch zu machen. Nun, im Laufe der Jahrhunderte wurde diese Figur natürlich befriedet, spätestens mit Erich Kästners Eulenspiegel-Buch wurden die Geschichten kinderkompatibel gemacht. Im Eulenspiegel-Museum in Schöppenstedt – der Heimat des unheiligen Narren – geht es um das gesamte Werk, das um diese psychotische Figur entworfen wurde. Hierzu gehören außer diversen Büchern (für jede Altersgruppe) auch Theaterstücke, Filme, Fernsehserien und Comics. Und nicht

zuletzt wurde Till, der (fälschlicherweise übrigens) oft als Gaukler oder eine Art Hofnarr dargestellt wird, von der Karnevalskultur adaptiert, insbesondere von der Braunschweiger. Auch in Schöppenstedt treibt er noch heute sein Unwesen. Man kann ihn sogar manchmal auf der Straße sehen!

Till Eulenspiegel-Museum
Nordstraße 4a
38170 Schöppenstedt
T. 05332 6158
www.eulenspiegel-museum.de
Di–Fr 14–17 Uhr, Sa–So 11–17 Uhr
Anfahrt: mit dem Auto über die A2 bis Ausfahrt Königslutter oder A39 Ausfahrt Sickte, von dort bis Schöppenstedt, hier Hinweisschildern folgen

2 Genießen
Schöppenstedt

Schlemmen wie ein Zollschreiber

Nach dem Besuch des Eulenspiegel-Museums kann man gleich in das rustikal eingerichtete Gasthaus nebenan einkehren, um dort deftig-kräftig zu schlemmen. Natürlich mit regionalen Gerichten. Besonders schön ist im Sommer der große Biergarten.

Gasthaus Zum Zoll
Braunschweiger Straße 13
38170 Schöppenstedt
T. 05332 6347
Anfahrt: siehe Till Eulenspiegel-Museum

3 Entdecken
Schöppenstedt-Eitzum

Kaffee und Kannen

Kaffee ist bekanntlich das beliebteste Getränk der Deutschen. Mehr noch als Bier! Kein Wunder also, dass sich eine ganz eigene Kultur darum entwickelt hat, die große schicht- und vor allem altersspezifische Unterschiede kennt. Espresso, Mokka, Latte Macchiato, Milchkaffee oder Café au lait (von den ganzen neumodischen Getränken auf Kaffeebasis, die mit diversen Sirups versüßt werden, mal ganz zu schweigen) – um dieses Getränk ist nicht nur eine eigene Industrie entstanden, sondern auch eine eigene Philosophie. Kulturgeschichtlich ist das höchst interessant und spiegelt sich auch in den Tassen und Kannen wider, in denen das schwarze Gebräu serviert wird. So verwundert es nicht, dass es sogar ein eigenes Kaffeekannenmuseum gibt. Es ist natürlich stilsicher in einem Café untergebracht. Die Ausstellung besteht aus 5000 Exemplaren, nicht wenige von ihnen baumeln übrigens von der Decke! Eigentlich hatte es ganz harmlos angefangen, indem ein paar überflüssige Kannen aufgehängt wurden, um sie aus dem Weg zu haben. Das veranlasste einige Stammgäste dazu, weitere überzählige Kannen mitzubringen und den Wirten zu überlassen. Nach und nach kamen Schenkungen renommierter Porzellanmanufakturen hinzu.

Ferienhof Beutel
Schliestedter Straße 2
38170 Schöppenstedt
T. 05332 1541
www.beutel-hotel.de
Anfahrt: mit dem Auto über die A2 bis Ausfahrt Königslutter oder A39 Ausfahrt Sickte, von dort über Schöppenstedt nach Eitzum

4 Erleben
Uehrde

Mischwirtschaft

Die Gartenmanufaktur ist international, denn hier gibt es Käse und Edelbrände, Wein und Prosecco aus Italien sowie Gartengeräte aus England. Aber der Hofladen bietet selbstverständlich auch regionale Produkte an, zum Beispiel Wurst von Schweinen aus Uehrde, Wildfleisch von Rehen und Hirschen aus dem Elm sowie Bier aus der Braunschweiger Brauerei Wolters. Auch ein Besuch der hauseigenen Gastwirtschaft lohnt sich, denn der Kuchen ist natürlich selbstgebacken. Vielleicht haben Sie ja auch Lust bekommen, bei einer der Veranstaltungen vorbeizuschauen, zum Beispiel beim Sommerfest, bei der Adventsfeier oder der Roadster-Treffen. Last but not least bietet die Gartenmanufaktur auch Dienstleistungen im Bereich des Garten- und Landschaftsbaus an.

Die Gartenmanufaktur
Semmenstedter Straße 12
38170 Vahlberg
T. 05332 93 74 99
www.gartenmanufaktur.de
tgl. 12–18 Uhr
Anfahrt: Haltestelle Uehrde Ort

5 Genießen
Lucklum

Landparty

Das Schlucklum in Lucklum ist legendär. Die Alternativdisco der 1970er-, 80er- und 90er-Jahre – von Axel Bosse in einem seiner Lieder verewigt (erkennbar zumindest für Eingeweihte) – lockte Besucher auch aus der nahen Großstadt Braunschweig herbei. Bei den Tanzabenden in der Wegwarte kommt das Lucklum-Fieber immer mal wieder gerne auf, auch wenn natürlich inzwischen ein eigenes Publikum erschlossen wurde. Außerdem gibt es hier nunmehr auch Ausstellungen zu sehen und es wird leckere deutsche und mediterrane Küche serviert. Die Wegwarte ist übrigens Teil des Rittergutes Lucklum, wozu unter anderem auch mehrere Ferienwohnungen, ein Reitstall, das CaféGut und ein Park gehören.

Wegwarte
Gutshof 3c
38173 Erkerode/Lucklum
T. 05305 90 13 04
www.wegwarte-lucklum.de
Mi–Fr 18–0 Uhr, So 17–22 Uhr
Anfahrt: Haltestelle Lucklum Mühlenstraße

6 Entdecken
Destedt

Party unter Palmen

Der Schlosspark Destedt ist ein englischer Landschaftspark mit einzigartigem Baumbestand. Flanierten hier einst nur die Angehörigen der Familie von Veltheim, ist er nunmehr frei zugänglich. Und er kann, inklusive des Palmenhauses, für Veranstaltungen gemietet werden.

Schloss und Schlosspark Destedt
Schloss Destedt
Destedter Hauptstraße 1
38162 Cremlingen/Destedt
T. 05306 7017
www.schloss-destedt.de
Anfahrt: Haltestelle Destedt Kalkofen

7 Genießen
Evessen

Schwein gehabt!

Schlachter Römmling – hier gibt es Fleisch- und Wurst-Waren, die zum allergrößten Teil aus eigener Herstellung stammen. Das Fleisch dazu liefern Bauern aus der Umgebung, aus Lehre, Lahstedt, Gr. Oesingen, Altenhagen, aus Bornum, Gr. Denkte und Stöckheim. Das ganze natürlich aus artgerechter Haltung! Und so gut schmeckt das dann auch.

Schlachter Römmling
Hauptstraße 5
38173 Evessen
T. 05333 210
www.landschlachterei-roemmling.de
Mo 8–13 Uhr, Di–Fr 8–13 Uhr und 15–18 Uhr, Sa 7–13 Uhr
Anfahrt: Haltestelle Evessen Am Klosterhof

8 Genießen
Cremlingen

Alles Schoko, oder was?

Schokoladen-Figuren, Schokoladen-Lollies, Schokoladen-Reliefs – bei Weibler ist alles süß und sieht alles süß aus! Im Fabrikverkauf gibt es zum Beispiel Trüffel, Pralinen, Marzipan, Butter-Feingebäck und Weingummis zu erwerben. Und den Kaffee aus einer kleinen befreundeten Privatrösterei kann man natürlich auch vor Ort probieren.

Weibler Confiserie Chocolaterie
Im Rübenkamp 17
38162 Cremlingen
T. 05306 91 39 90
Mo–Fr 8–18 Uhr, Sa 8–14 Uhr
Anfahrt: Haltestelle Cremlingen Im Rübenkamp

9 Genießen
Cremlingen

Für Ross und Reiter

Der Hof Reuer gilt als die pferdefreundlichste Gaststätte der Region, denn diese Tiere sind hier gerne gesehen und werden gut versorgt. Für ihre Reiter und Reiterinnen gibt es in dem Hofladen und -café Marmelade, Wurst und Schinken beziehungsweise Kuchen, Frühstück und Snacks.

Hof Reuer
Im Dorfe 6
38162 Cremlingen
T. 05306 93 26 03
www.hof-reuer.de
Februar bis Oktober Do–So 9–18 Uhr, November bis Dezember Do–Fr 9–13 Uhr und 15–17 Uhr, Sa 9–13 Uhr
Anfahrt: Haltestelle Cremlingen Neuer Weg

10 Entdecken
Königslutter am Elm

In der Steinzeit

Was verbindet das Naturhistorische Museum in Braunschweig, den Natur-Erlebnispfad Heeseberg, das Städtische Museum Schloss Salder, die Kaiserpfalz Werla und den Steinbruch am Markmorgen bei Evessen? Richtig – sie alle gehören zum „Geopark Harz. Braunschweiger Land. Ostfalen“, der immerhin der größte Europas ist. Weitere Stationen sind unter anderem die Geopfade am Klieversberg in Wolfsburg, im Reitlingstal und bei Velpke. Und nicht zuletzt das Geopark-Informationszentrum

in Königslutter (sein Herzstück sozusagen), das wunderschön im Stadtkern gelegen ist, direkt neben der Stadtkirche. Vor allem bei Regenwetter ist es immer einen Besuch wert. Hier kann man sich einen ersten Eindruck über den riesigen Geopark verschaffen und schon mal anfangen, sich über die Naturgeschichte der Region zu informieren. Um danach all die anderen Stationen zu besuchen – womit man einige Wochen oder Monate lang beschäftigt sein dürfte!

Geopark-Informationszentrum
An der Stadtkirche 1
38154 Königslutter am Elm
T. 05353 91 32 35
www.femo-online.jimdo.com
Di–Sa 11–17 Uhr, So 14–17 Uhr
Anfahrt: Haltestelle Königslutter Am Markt; mit dem Auto über die B1 bis Königslutter, dort Ausschilderung folgen

11 Entdecken
Königslutter am Elm

Altehrwürdig

Die schöne Altstadt von Königslutter ist sehr sehenswert. Ein echtes Schmuckstück darin ist die Stadtkirche St. Sebastian und Fabian.

Stadtkirche St. Sebastian und Fabian

An der Stadtkirche
38154 Königslutter am Elm
Anfahrt: siehe Tipp 10

12 Entdecken
Königslutter am Elm

Kaiserliche Pracht

Wer Königslutter sagt, meint auch immer den Dom. Beziehungsweise die Stiftskirche St. Peter und Paul wie er mit vollem Namen heißt. So ein kleiner Ort – so ein großes Gebäude. Wie kommt das Städtchen eigentlich zu dieser Ehre? Dazu muss man wissen, dass die Region einst das Zentrum des deutschen Kaiserreichs war. Es gab noch keine Hauptstadt im heutigen Sinne, sondern die Herrscher reisten von Pfalz zu Pfalz, auch um ihre Lehnsleute und anderen Untertanen daran zu erinnern, dass sie eben genau das sind: Lehnsleute und Unter-

tanen. Kaiser Lothar III. war es, der diese Kirche als Grablege für sich und sein Herrschergeschlecht bauen ließ. 1135 wurde mit dem Bau begonnen, doch erst 40 Jahre später konnte das Kirchengebäude mit dem ersten Großgewölbe nördlich des Harzes vollendet werden. Das beeindruckende Bauwerk dient natürlich immer noch liturgischen Zwecken, doch finden hier heute auch andere Veranstaltungen kultureller Art statt. Aber auch sonst lohnt sich eine Besichtigung dieses wichtigen Kulturdenkmals der Romanik in Deutschland.

Kaiserdom
Vor dem Kaiserdom 5
38154 Königslutter am Elm
T. 05353 91 22 02
www.koenigslutter-kaiserdom.de
April bis Oktober Mo–So 9–18 Uhr, November bis März 9–17 Uhr, öffentliche Führungen: Sa–So 14 Uhr (April bis Oktober), So 14 Uhr (November bis März)
Anfahrt: Bus 280 bis Haltestelle Kaiserdom, mit dem Auto über die B1 bis Königslutter, dort Ausschilderung folgen

13 Erleben
Königslutter am Elm

Geh mit Gott, aber geh!

Vielleicht liegt es an den langsamen, gemächlichen, regelmäßigen Bewegungen, die das Gehen über weite Strecken und einen langen Zeitraum so attraktiv machen. Sowohl beim Wandern als auch beim Pilgern bewegt man sich auf eigenen Beinen und ohne Eile auf ein Ziel zu. Beim Wandern steht jedoch zumeist das Naturerlebnis im Vordergrund, beim Pilgern hingegen werden Orte mit religiöser Bedeutung miteinander verbunden. Auch im Braunschweiger Land gibt es eine Pilgerroute, die durch eine stilisierte Jakobsmuschel gekennzeichnet ist. Zu ihren Stationen gehören unter anderem der Kaiserdom in Königslutter, die Klosterkirche Riddagshausen, der Braunschweiger Dom und die Kreuzkirche in Alt-Lehndorf.

Braunschweiger Jakobsweg

Empfohlener Start in Königslutter am Kaiserdom
Am Kaiserdom 1
38154 Königslutter am Elm
www.thzbs.de/braunschweiger-jakobsweg/home
Anfahrt: siehe Tipp 12

14 Entdecken
Königslutter am Elm

Unter den Linden wirst du sie finden

Nur wenige Gehminuten vom Kaiserdom entfernt finden Sie die Kaiser-Lothar-Linde, die angeblich 1135 gepflanzt wurde und wahrscheinlich eine der ältesten Linden Niedersachsens ist.

Kaiser-Lothar-Linde

Vor dem Kaiserdom 2
38154 Königslutter am Elm
Anfahrt: siehe Tipp 12

15 Entdecken Königslutter am Elm

Die Klangwelt

Wenn Sie in Königslutter den Dom besichtigen, sollten Sie unbedingt einen Besuch im Museum für mechanische Musikinstrumente einplanen. Hierzu zählen natürlich Leierkästen, Spieluhren, Pianolas und Orchestrien, aber auch Musikboxen und Stummfilmorgeln. All das gibt es in diesem wirklich tollen Museum zu sehen. Besser ist es natürlich, wenn Sie sie auch hören, daher bietet es sich durchaus an, an einer Führung durch das MMM teilzunehmen. Erst dann erschließt sich der Reichtum dieser Geräte in voller Pracht und Schönheit. Es ist amüsant mitzubekommen, auf welch irrwitzige Weise all diese Instrumente ihre Musik erzeugen. Highlights sind zum Beispiel die Karussellorgel von 1927 und das Ein-Mann-Orchester „Tino Rossi" von 1928. Im selben Gebäude wie das Museum für mechanische Musikinstrumente befindet sich übrigens auch das Dom- und Steinmetzmuseum, das über Kaiser Lothar III. und über die Kirche selbst informiert. Auch wie der Dom mit seinen riesigen Steinen errichtet wurde und was Bauhütten von Zünften und Gilden unterscheidet, ist hier zu erfahren

Museum Mechanischer Musikinstrumente
Vor dem Kaiserdom 3–5
38154 Königslutter am Elm
www.museen-koenigslutter.de
Di–So 11–17 Uhr, öffentliche Führungen: Fr 15 Uhr, Sa–So 11.30 und 15 Uhr
Anfahrt: Anfahrt: siehe Tipp 12

16 Genießen
Königslutter am Elm

Österreichische Botschaft

Auch kulinarisch kommt man in Königslutter voll auf seine Kosten. Zum Beispiel in den Kärntner Stub'n, wo – der Name lässt es schon vermuten – original österreichische Spezialitäten serviert werden, also Tafelspitz, Nockerln und Kaiserschmarrn. Es werden aber auch regionale Wild-, Grünkohl-, Spargel- und Pfifferlingsgerichte angeboten. Die Stub'n sind übrigens in einem wunderschönen Fachwerkhaus untergebracht. Einen Biergarten gibt es natürlich auch! Und falls Sie plötzlich von einer eintretenden Bettschwere überfallen werden, können Sie hier auch übernachten.

Kärntner Stub'n
Fallersleber Straße 23
38154 Königslutter am Elm
T. 05353 954 60
www.kaerntner-stubn.de
tgl. 11.30–14.30 Uhr und 18–22 Uhr
Anfahrt: Haltestelle Königslutter Lerchenfeld

17 Genießen
Königslutter am Elm-Bornum

Lokales Lokal

Das Bornumer Landgasthaus Lindenhof befindet sich seit 1874 im Familienbesitz. Serviert werden neben regionalen Köstlichkeiten wie Wildgulasch oder Ochsenschwanzragout aber auch internationale Spezialitäten. Stilmix wird hier groß geschrieben: Der Holzfußboden ist aus dem Jahre 1914, die Saalbeleuchtung zum Teil aus dem 19. Jahrhundert und die Theke aus den 50er-Jahren des 20. Jahrhunderts.

Landgasthaus Lindenhof
Im Winkel 23
38154 Königslutter am Elm
T. 05353 9200
www.lindenhof-bornum.de
Mo–So 12–14 Uhr und 18–21.30 Uhr
Anfahrt: Haltestelle Bornum am Elm Mitte

18 Genießen
Räbke

Mittelmeer und Schunter

Mediterranes Ambiente vermutet man vielleicht nicht als allererstes am Naturpark Elm-Lappwald, doch genau das bekommt man im Ausflugslokal Schunterquelle, das auch äußerlich durch Kamin und Terrasse zu überzeugen weiß. Die Zutaten zu den Speisen sind übrigens natürlich regionaler Herkunft und die hausgemachten Torten legendär.

Ausflugslokal Zur Schunterquelle
Schunterquelle 132
38375 Räbke
T. 05355 910 08 20
www.schunterquelle.de
Di–Fr 11–22 Uhr, Sa–So 10–22 Uhr
Anfahrt: mit dem Auto über die B1 und L626 Richtung Schöppenstedt bis kurz hinter Räbke

19 Entdecken
Tetzelstein

Für Biker

Zwischen Schöppenstedt und Königslutter ist der Tetzelstein zu finden, der an den angeblich hier erschlagenen Ablassprediger Johann Tetzel erinnert. Ob das stimmt, weiß niemand so genau, aber die gleichnamige Waldgaststätte gibt es seit 1894, soviel ist sicher. Sie befindet sich auch in unmittelbarer Nähe des berühmten Tetzelsteins, unter dem der besagte Mann Gottes begraben sein soll. Angeboten werden hier einfache Gerichte sowie natürlich Kaffee und Kuchen. Besonders bei Motorradfahrern ist das Lokal sehr beliebt – und diese sind auch gern gesehene Gäste!

Tetzelstein
38154 Tetzelstein
T. 05332 1369
www.tetzelstein.com
tgl. ab 10 Uhr
Anfahrt: mit dem Auto über die B1 bis Königslutter, von dort auf der L290 Richtung Schöppenstedt

20 Genießen
Erkerode/Reitlingstal

Mit Weitblick

Mit Blick aufs Reitlingstal (der schönste Teil des Elms, ideal für Wanderer, Spaziergänger und Mountainbiker) kann man in diesem traditionsreichen Gasthaus (seit über 200 Jahren!) herrlich speisen: sowohl herzhaft (Wild!) als auch und vor allem süß (hausgemachten Torten und Kuchen).

Gaststätte Reitling im Elm
Waldgaststätte Reitling 1
38173 Erkerode
T. 05305 447
www.reitlingstal.de
April bis Oktober tgl. 9–19/21 Uhr, November bis März Mi–So 10–18 Uhr
Anfahrt: mit dem Auto über die B1 bis Königslutter, von dort auf der L290 Richtung Schöppenstedt, hinter der Waldgaststätte Tetzelstein rechts auf die L629

21 Erleben
Schöningen

Speer und mehr

Das paläon – was für ein außergewöhnliches Museum! Schon die Architektur hebt sich deutlich von dem anderer Museen ab. Die verspiegelte Außenfassade hat zwar einigen Spott hervorgerufen, aber letztendlich hat das markante Gebäude viel-

leicht auch einiges zum Bekanntheitsgrad des paläons beigetragen. Kernstück der Dauerausstellung sind natürlich die berühmten acht Speere – die ältesten Jagdwaffen der Menschheitsgeschichte. Fast 300 000 Jahre haben sie auf dem Buckel! Weitere Pluspunkte des Museums sind die außergewöhnlichen Sonderausstellungen (zum Beispiel zur steinzeitlichen Höhlenmalerei, zu Säbelzahnkatzen oder eine „Zeitreise" mit Hilfe von Legosteinen) sowie das tolle Außengelände. Rund um das paläon erstreckt sich nämlich eine ca. 24 Hektar große Parkanlage, in der die charakteristischen Landschaftstypen des Paläolithikums – Steppe und Wald – nachgebildet wurden. Also nicht wundern, wenn Sie plötzlich eine Herde Wildpferde entdecken. Der Erlebnis-Parcours erfreut sich insbesondere bei Kindern großer Beliebtheit! Und gleich neben dem Gelände des paläons gibt es den ehemaligen Braunkohletagebau zu entdecken.

paläon
Paläon 1
38364 Schöningen
T. 05352 96 91 40
www.palaeon.de
Di–So 10–18 Uhr
Anfahrt: mit Bus 395 bis Haltestelle Schöningen paläon; mit dem Auto über die A2 bis Ausfahrt Helmstedt-West, B244 bis Schöningen, L652 Richtung Hötensleben bis paläon

22 Genießen
Schöningen

Steinzeitkost

Auch das Bistro im paläon bietet eine kulinarische Zeitreise, zum Beispiel mit einem Steinzeitburger aus Ochsenfleisch oder einem Fischspeer mit Stampfkartoffeln.

Bistro Flintstone im paläon

Paläon 1
38364 Schöningen
T. 05352 96 91 42 11
www.palaeon.de
Di–So 10–18 Uhr
Anfahrt: siehe Tipp 21

23 Entdecken
Schöningen

Geile Seile

In diesem ungewöhnlichen Museum im tollen Torhäuschen des Schöninger Schlosses dreht sich alles um Seile. Besonders empfehlenswert: die Mitmachaktionen.

Seilereimuseum

Burgplatz 1a
38364 Schöningen
T. 05352 505 47
www.zeitorte.de
Mi 15–17 Uhr, So 10.30–12.30 Uhr
Anfahrt: Haltestelle Schöningen ZOB

24 Genießen
Schöningen

Speisen auf dem Schlösschen

Hier kann man fürstlich speisen. Beziehungsweise deutsch und italienisch. Oder einen Kaffee genießen. Oder einen Gerstensaft im Biergarten. Das alles in einem Ambiente, wie es schöner kaum sein könnte!

Schloss Schöningen

Burgplatz 1
38364 Schöningen
T. 05352 90 75 90
www.schloss-schoeningen.de
Mo–Sa 11.30–22 Uhr
Anfahrt: siehe Tipp 23

25 Genießen
Schöningen

Früher war alles besser

Currywurst, Hähnchen, Gulasch, Sauerfleisch – hier wird gefuttert wie bei Muttern. Beziehungsweise genossen wie in Omma ihrer Küche. Reservierung empfohlen.

...wie in Omas Küche

Wellmannstraße 1
38364 Schöningen
T. 05352 502 41
www.omasküche.de
Mo–Sa 9–14 Uhr und 17.30–22 Uhr, So 9–14 Uhr und 17.30–21 Uhr
Anfahrt: Haltestelle Schöningen Büddenstedter Straße

26 Genießen Schöningen

Speis und Trank

Der Name Ratskeller lässt es nicht unbedingt vermuten, doch der Ratskeller in Schöningen ist tatsächlich barrierefrei. Serviert wird hier Saisonales und Regionales, auch Vegetarier müssen nicht darben. Die Portionen sind großzügig, der Blick auf den Marktplatz ist schön. Was will man mehr?

Ratskeller Schöningen
Markt 1
38364 Schöningen
T. 05352 96 97 89
www.ratskeller-schoeningen.de
Mi–So 11.30–14.30 Uhr und 18–22 Uhr, Di 18–22 Uhr
Anfahrt: Haltestelle Schöningen ZOB

27 Genießen Twieflingen/Wobeck

Lecker

In diesem Hofladen gibt es Fleisch- und Wurstprodukte von Tieren aus artgerechter Haltung. Sehr zu empfehlen!

Freilandhof Reinold
Zum Klostergut 2
38388 Twieflingen
T. 05352 909 95 06
www.freilandhof.com
Anfahrt: Haltestelle Wobeck

28 Genießen Rennau

Mehr als ein Restaurant

Die Kochschmiede ist alles Mögliche: ein Restaurant, eine Kochschule, ein Café, eine Pension – nur keine Schmiede. Und sie ist sehr klein: maximal 26 Personen finden hier Platz um den Backsteinkamin. Einige der kredenzten Spezialitäten kann man im angeschlossenen Delikatessengeschäft käuflich zum Mitnehmen erwerben.

Kochschmiede
Hauptstraße 28
38368 Rennau
T. 05356 91 83 99
www.die-kochschmiede.de
Mi, Fr 16–19 Uhr, Sa 9.30–12 Uhr
Anfahrt: Haltestelle Rennau Hauptstraße

29 Erleben Schladen

Willkommen im Schlangenparadies

Angst vor Schlangen? Dann habe ich einen Geheimtipp: ab auf die Schlangenfarm nach Schladen. Dort können Sie sich nach Herzenslust desensibilisieren. 58 Schlangenarten gibt es hier zu sehen, 48 von ihnen sind giftig! Und 1300 Exemplare sind es insgesamt! Aber keine Sorge: Es wurde noch kein einziger Gast jemals gebissen. Der Betreiber Jürgen Hergert selbst wurde allerdings schon des Öfteren Opfer der bissigen Tierchen. Neben den Schlangen gibt es hier übrigens auch Leguane, Skorpione, Schildkröten, Spinnen, Warane, Piranhas und sogar ein Krokodil zu sehen. Und auf dem Freilandgehege wird ein Einblick in die Welt der einheimischen Schlangen gewährt. Ein besonderes Highlight ist die Vorführhalle, in der man die erstaunlichen Tiere aus nächster Nähe betrachten und sogar anfassen kann. Schlangen sind übrigens keineswegs glitschig, sondern fühlen sich mit ihrer Körpertemperatur von 26 Grad sehr angenehm an. Hier gibt es auch ab und an die Gelegenheit beim Melken einer Schlange – also der Gewinnung des Gifts aus ihren Zähnen – zuzuschauen. Denn Schlangengift wird unter anderem zur Behandlung von Krankheiten wie Rheuma, Ischias, Gicht, Epilepsie und sogar Depressionen eingesetzt! Es gibt also keinen Grund, Angst vor Schlangen zu haben. Man sollte nur den nötigen Respekt nicht verlieren.

Nordharzer Schlangenparadies
Im Gewerbegebiet 5
38315 Schladen
T. 05335 1730
www.schlangenfarm-schladen.de
März bis Oktober Mo–Fr 10–16 Uhr, Sa–So 10–17 Uhr; November bis Februar tgl. 10–16 Uhr; April bis September Mo–Fr 10–17 Uhr, Sa–So 10–18 Uhr
Anfahrt: mit dem Auto über die A395, Abfahrt Schladen/Nord Richtung Gewerbegebiet Nord

30 Entdecken
Werlaburgdorf

Vergangene Größe revisited

Vom Harzraum aus wurde einst das deutsche König- und Kaiserreich regiert. So verwundert es vielleicht auch nicht, dass es hier einst eine Pfalz gab, die mit ihren 600 mal 600 Metern geradezu riesige Ausmaße hatte. Allein die Hauptburg – das Kernstück einer derartigen Anlage – hatte einen Durchmesser von

150 Metern. Zu ihr gehörten eine Kapelle, eine Kemenate, ein Saal, ein beheizter und ein unbeheizter Palas, mehrere Wach- und Küchenhäuser, ein Keller sowie ein 35 Meter langer Fluchtgang. An die Hauptburg schlossen sich mehrere Vorburgen an, die von Wällen und Gräben geschützt wurden. Durch ihre Wiederherstellung im Rahmen eines Archäologie- und Landschaftsparks sind die beeindruckenden Ausmaße der Anlage wieder sichtbar geworden. Eine Rekonstruktion einiger Grundmauern und eines Tores vermittelt einen guten Eindruck, wie die Pfalz einst ausgesehen haben muss.

Königspfalz Werla
38315 Werlaburgdorf
T. 05334 949 10
www.kaiserpfalz.schladen-werla.de
immer zugänglich, Führungen können gebucht werden
Anfahrt: mit dem Auto über die A395 bis Anschlussstelle Schladen-Nord, B82 in Richtung Schladen, L615 Richtung Heiningen/Wolfenbüttel bis Parkplatz auf der rechten Seite

31 Erleben
Klein Mahner

Hier sind Sie am Zug!

Schonmal mit einer echten Draisine gefahren? Wohl kaum! Und für Familienfeiern können Sie sich sogar eine echte Dampflok mieten!

Bahnhof Klein Mahner
Warnestraße 3
38704 Liebenburg
T. 05346 2333
www.dg41096.de
Anfahrt: mit dem Auto von der B248 zwischen Salzgitter-Bad und Braunschweig nach Groß Mahner abbiegen, weiter über die L510 Richtung Liebenburg, kurz vor Liebenburg links abbiegen nach Klein Mahner

32 Genießen
Isingerode

Ende der Schnitzeljagd

Kurz und gut: Der Itschenkrug in Isingerode ist berühmt für seine Schnitzelgerichte!

Itschenkrug
Isingeröder Straße 1
38315 Isingerode
T. 05335 90 51 10
www.itschenkrug.de
Di–So ab 11 Uhr
Anfahrt: Haltestelle Isingerode Ort, mit dem Auto über die A395, in Schladen auf die B82 Richtung Hornburg abbiegen

33 Entdecken
Hornburg

Hohes Amt, tiefer Fall

Dass es mal einen Papst gab, der im Braunschweiger Land geboren wurde, weiß hier kaum jemand. Er war ja auch nicht lange Kirchenoberhaupt, dann ging er den Weg alles Irdischen. Mehr dazu im Heimatmuseum in Hornburg.

Heimatmuseum Hornburg
Montelabbateplatz 1
38315 Hornburg
T. 05334 1507
www.museum-hornburg.de
Di–Sa 14–16 Uhr, So 14–17 Uhr
Anfahrt: Haltestelle Hornburg ZOB, mit dem Auto siehe Tipp 32

34 Entdecken Hornburg

Ein jüdischer Friedhof

250 Jahre wurden hier Menschen aus den jüdischen Gemeinden in Hornburg und Wolfenbüttel begraben. Eine südniedersächsische Besonderheit sind die liegenden Grabsteine. Bitte beachten Sie, dass männliche Besucher eine Kopfbedeckung zu tragen haben. Essen und Trinken ist nicht gestattet. Und an jüdischen Feiertagen und am Sabbat (vom Freitagnachmittag bis Samstagabend) ist der Besuch untersagt.

Jüdischer Friedhof
Auf dem Hagenberg/Judengasse
38315 Hornburg
Anfahrt: Haltestelle Hornburg ZOB, mit dem Auto siehe Tipp 32

35 Genießen Hornburg

Für Trolle

Gutbürgerliche Küche in einer gemütlichen Gaststube in der wunderschönen Fachwerkstadt Hornburg. Zu essen gibt es Hornburger Zwiebel- und Harzer Trollpfanne (Schweinemedaillons auf Bratkartoffeln mit Schmand und Zwiebelmus). Lecker! Und danach kann man einen kleinen Verdauungsspaziergang durch den hauseigenen „Garten für die Sinne“ machen. Lassen Sie sich überraschen!

Schützenhof
Vor dem Vorwerkstor 3
38315 Hornburg
T. 05334 1211
www.schuetzenhof-hornburg.de
Mo, Do, Fr ab 17 Uhr, Sa– So 11–14 Uhr und ab 17 Uhr
Anfahrt: Haltestelle Hornburg ZOB, mit dem Auto siehe Tipp 32

Helmstedt und der Lappwald

Helmstedt
Bad Helmstedt
Grasleben
Marienborn
Lehre
Lehre-Essehof

1 Altstadt 144
2 Ratskeller Helmstedt 145
3 Kreis- und Universitätsmuseum 146
4 Zonengrenz-Museum 146
5 Auf'm Teich 147
6 Weizenbrennerei Dieckmann 147
7 Lübbensteine 148
8 Brunnentheater 149
9 Urnenhain im Lappwald 149
10 Museum Grasleben 150
11 Gedenkstätte Deutsche Teilung Marienborn 151
12 Dorfmuseum Lehre 151
13 Vin-Nett 151
14 Schweizer Haus 152
15 Kochmal Group 152
16 Tierpark Essehof 153

1 **Entdecken**
Helmstedt

Verborgene Schönheit

Helmstedt – eine unterschätzte Schönheit! Die ehemalige Hanse- und Universitätsstadt – der Ort wurde 952 erstmals urkundlich erwähnt und erhielt 1247 die Stadtrechte verliehen – hat 400 Fachwerk- und Professorenhäuser vorzuweisen, außerdem diverse Kirchen (die Doppelkapelle St. Peter und Paul/ St. Johannes ist eines der ältesten Bauwerke im Braunschweiger Land) und Türme. Dazu kommen das neugotische Rathaus, das Juleum (die ehemalige Universität) sowie die Klöster St. Ludgeri und St. Marienberg. Lassen Sie es sich also nicht nehmen, der Stadt einen Besuch abzustatten. Es lohnt sich.

Altstadt

Markt
38350 Helmstedt
www.stadt-helmstedt.de
Anfahrt: Haltestelle Helmstedt Markt

2 Genießen
Helmstedt

Fisch und Fleisch

Untergebracht in einem reizvollen Gewölbekeller (mit Kegelbahn) gibt es hier gute deutsche Küche mit vielen Fleischgerichten (freitags natürlich auch Fisch).

Ratskeller Helmstedt
Markt 1
38350 Helmstedt
T. 05351 417 77
www.ratskeller-helmstedt.de
Mo–So 11.30–14.30 Uhr und 17.30–22 Uhr
Anfahrt: Haltestelle Helmstedt Markt

3 Entdecken
Helmstedt

Geschichtsstunde

Helmstedt hat einiges vorzuweisen, zum Beispiel die ehemalige Universität Academia Julia, die 1576 durch Herzog Julius gegründet worden war. Das „Juleum Novum“, ein wunderschönes Gebäude im Stil der Weserrenaissance, war einstmals das Hörsaal- und Bibliotheksgebäude der Hochschule, in dessen Wein- und Bierkeller heute das Kreis- und Universitätsmuseum untergebracht ist. Hier erfährt man zum Beispiel, dass in Helmstedt Giordano Bruno gelehrt sowie Carl Friedrich Gauß und Johann Heinrich Campe studiert haben. Auch Anton Willem Amo – im frühen 18. Jahrhundert erster schwarzafrikanischer Student in ganz Europa! – gehört zu den Absolventen der Hochschule. Die Hochschule war übrigens berühmt-berüchtigt für die Duellierwut ihrer Studenten. Der Dichter Wilhelm Raabe hat diesem Umstand in seiner Erzählung „Die alte Universität" ein literarisches Denkmal gesetzt. „Dem Schicksal erlag Julia, / still sind die Professoren, / leer stehen die Hörsäle, / einzig die Erinnerung / ruft uns Hörer herauf." 1810 war Schluss mit dem verlotterten Studentenleben. Jérôme Bonaparte, der ungeliebte Herrscher des geschichtslosen Königreichs Westfalen, ließ die Universität kurzerhand schließen. Seitdem scheint Helmstedt in einen Dornröschenschlaf gefallen zu sein.

Kreis- und Universitätsmuseum
Collegienplatz 1
38350 Helmstedt
T. 05351 121 11 32
www.helmstedt.de
Di–Fr 10–12 und 15–17 Uhr, Sa–So 15–17 Uhr
Anfahrt: Haltestelle Helmstedt Markt

4 **Entdecken**
Helmstedt

Über Grenzen hinweg

Nur wenige Wege führten bis 1990 von Westdeutschland nach Berlin. Einer von ihnen verlief über den Grenzkontrollpunkt Helmstedt-Marienborn. Das Zonengrenz-Museum dokumentiert seine Geschichte und die der innerdeutschen Grenze. Auch Rundfahrten am Grenzstreifen können hier gebucht werden.

Zonengrenz-Museum
Südertor 6
38350 Helmstedt
T. 05351 121 11 33
www.helmstedt.de
Di, Fr 15–17 Uhr, Mi 10–12 Uhr und 15–17 Uhr, Do 15–18 Uhr, Sa–So 10–17 Uhr
Anfahrt: Haltestelle Wilhelmstraße

5 Genießen
Helmstedt

Weltküche

Am beziehungsweise auf dem Sternberger Teich gelegen bietet das Restaurant eine Mischung aus regionalen Spezialitäten wie das Helmstedter Sauerfleisch und internationale Kreationen wie Jakobsmuscheln auf frittiertem Rucola an. Auch Veganer und Allergiker kommen hier voll auf ihre Kosten. Am schönsten sind natürlich die Plätze auf der Seeterrasse.

Auf'm Teich
Walbecker Straße 4
38350 Helmstedt
T. 05351 399 10 70
www.aufmteich.de
Mo, Di, Do 17–22 Uhr, Fr–Sa 17–23 Uhr, So 11.30–14 Uhr und 17.30–22 Uhr
Anfahrt: Haltestelle Walbecker Straße

6 Genießen
Helmstedt

Prosit!

In der heutigen Weizenbrennerei war früher, vor den Stadttoren gelegen, ein Rasthaus für Reisende untergebracht. Heute kann man hier verschiedene Spirituosen und Liköre nach alten Familienrezepten erwerben.

Weizenbrennerei Dieckmann
Vorsfelder Straße 1
38350 Helmstedt
T. 05351 372 81
www.weizenbrennerei.de
Do 10–12 Uhr und 14–18 Uhr, Fr 10–12 Uhr
Anfahrt: Haltestelle Walbecker Straße

7 **Entdecken**
Helmstedt

Hünen und Hügel

Die Lübbensteine sind bereits vor 3500 Jahren errichtet worden! Sie sind die südlichsten Großsteingräber der Jungsteinzeit in Norddeutschland. Dass wir diese Grabanlage heute noch bewundern dürfen, haben wir übrigens Helmstedter Professoren zu verdanken, die im Jahr 1700 eine Ausgrabung durchführten, wodurch sie gleichzeitig sicherstellten, dass die Steine nicht als Baumaterial benutzt wurden. Das war damals nämlich nicht unüblich. Die meisten dieser stolzen Bauwerke verschwanden auf diese Weise im Laufe der Zeit. Die Lübbensteine sind nicht das einzige Hünengrab in der Region, aber sie sind sicherlich das schönste!.

Lübbensteine

An den Lübbensteinen 998
38350 Helmstedt
Anfahrt: mit dem Auto über die B1 Richtung Helmstedt, kurz vor Helmstedt Hinweisschild nach links folgen

8 Erleben
Bad Helmstedt

Am Brunnen vor der dem Tore

Seit mehr als zweihundert Jahren gibt es in Helmstedt ein stehendes Theater. Das Brunnentheater in Bad Helmstedt – draußen vor der großen Stadt – setzt diese Tradition fort.

Brunnentheater
Brunnenweg 7
38350 Helmstedt
Anfahrt: mit dem Auto über die A2 Richtung Berlin oder B1 Richtung Helmstedt

9 Entdecken
Bad Helmstedt

Ruhe sanft

Immer mehr Menschen wollen in der Natur begraben sein. Ein besonders schöner Ort hierfür ist der im Naturpark Elm-Lappwald gelegene Urnenhain im Brunnental. Auf 470 Quadratmetern sind hier 800 Pflanzenarten und viel Ruhe und Frieden zu finden.

Urnenhain im Lappwald
Braunschweiger Straße 33
38350 Helmstedt
T. 05351 127 91 10
www.waldbestattung-gmbh-lappwald.de
tgl. von 1,5 Stunden nach Sonnenaufgang bis 1,5 Stunden vor Sonnenuntergang
Anfahrt: mit dem Auto über die A2 Richtung Berlin oder B1 Richtung Helmstedt

10 Genießen
Grasleben

Kaffee, Kuchen, Wissen

Museum mit Kaffeestube, Kaffeestube mit Museum? Egal, Hauptsache es gibt den leckeren hausgemachten Kuchen, den man nach der Besichtigung der Ausstellung über das örtliche Steinsalzbergwerk und das dörfliche Leben genießen kann.

Museum Grasleben
Helmstedter Straße 13
38368 Grasleben
T. 05357 99 20 55
So 14.30–17 Uhr
Anfahrt: Haltestelle Grasleben Mitte

11 Entdecken
Marienborn

Grenzenlos

Der Grenzübergang Helmstedt-Marienborn war der größte Übergang zwischen dem kapitalistischen Westen und dem sozialistischen Osten. Nicht zuletzt deshalb, weil über die A2 die Transitstrecke nach Westberlin verlief. Der Grenzübergang war satte 35 Hektar groß, bis zu 1000 Menschen waren dort beschäftigt: Zöllner, Grenzsoldaten, Mitarbeiter der Staatssicherheit und Zivilangestellte. Die übergroßen Abfertigungshallen waren Teil der sogenannten Operativen Psychologie mit der die westdeutschen Reisenden beeindruckt werden sollten. Für die Pässe wurde deshalb ein 60 Meter langes Transportband benötigt, und die einzelnen Gebäude waren durch Tunnel miteinander verbunden. Auf der Westseite waren die Abfertigungsanlagen übrigens betont provisorisch.

Gedenkstätte Deutsche Teilung Marienborn
Bundesautobahn A2
39365 Marienborn
T. 039406 920 90
tgl. 10–17 Uhr
Anfahrt: mit dem Auto über die A2 Richtung Berlin, Raststätte Marienborn Süd abfahren

12 Entdecken
Lehre

Keineswegs kopflos
Hauptattraktion des kleinen Museums: der Schädel des Schuntermanns, der bei Ausgrabungsarbeiten nahe der Schunter in Lehre gefunden wurde!

Dorfmuseum Lehre
Ochsenkamp 1
38165 Lehre
www.kulturverein-lehre.de
Anfahrt: Haltestelle Lehre Rathaus

13 Erleben
Lehre

Nett, netter, Vin-Nett
Schöner Laden (Präsente, Öle, Spirituosen, Kaffee, Tee und vor allem Weine) und schönes Café-Bistro (Frühstück, Kaffee und Kuchen sowie richtige Gerichte wie Spargel mit Orangen-Kardamonsauce).

Vin-Nett
Berliner Straße 66
38165 Lehre
T. 05308 96 13 97
www.vinnett.de
Mo–Fr 9–18.30 Uhr, Sa 9–16 Uhr, So 9–17.30 Uhr
Anfahrt: Haltestelle Lehre Rathaus

14 Genießen
Lehre

Auf der Alm

Dem Namen gemäß zeichnet sich das Schweizer Haus durch ein gewisses alpenländisches Ambiente aus. Neben entsprechender Küche (Rösti und Geschnetzeltes) gibt es auch deutsche Gerichte (Braunkohl und Bregenwurst). Wichtig: Familienfreundlichkeit wird hier groß geschrieben.

Schweizer Haus
Berliner Straße 2
38165 Lehre
T. 05308 6800
www.schweizer-haus.de
Mi–So 11–23 Uhr
Anfahrt: mit dem Auto von Braunschweig über die B248 Richtung Wolfsburg, kurz vor Lehre auf der linken Seite

15 Genießen
Lehre

Die Kunst des Kochens

Kochmal rühmt sich, Braunschweigs Kochschule Nr. 1 zu sein, ist jedoch in Lehre zu finden. Allerdings können Sie die Kochlehrer auch zu sich nach Hause bestellen oder in Ihren Betrieb oder Verein.

Kochmal Group
In den Lohbalken 2–9
38165 Lehre
T. 0175 943 26 56
www.kochmal-braunschweig.com
Anfahrt: mit dem Auto von Braunschweig über die B248 bis Lehre-Wendhausen

16 Erleben
Lehre-Essehof

Auf du und du mit dem Känguru

Tierparks gibt es eine ganze Reihe in der Region. Der Tierpark Essehof ist mit Sicherheit der kinderkompatibelste. Zackelschafe, Frettchen, Hängebauchschweine und Alpakas sind hier neben heimischen Tieren wie Luchse und Damwild in zum Teil begehbaren Gehegen zu finden. Doch auch exotischere Tiere wie Erdmännchen (Foto), Flamingos, Zebras, Paviane und Pampashasen gibt es hier zu entdecken. Der Kauf von Futtertüten lohnt sich hier durchaus, da man sich auf diese Weise gut bei den Tieren einschmeicheln kann. Besonders gut geeignet für den Streichelzoo!

Tierpark Essehof
Am Tierpark 3
38165 Lehre
T. 05309 8862
www.tierpark-essehof.de
15. März bis September 9–19 Uhr (Einlass bis 17 Uhr), Oktober bis 14. März 10 Uhr–Dämmerung (Einlass bis 15.30 Uhr)
Anfahrt: mit dem Bus ab Weddel Bahnhof, Haltestelle Essehof Im Altdorf
Anfahrt: Mit dem Auto über B248, in Wendhausen abbiegen nach Essehof, dort Hinweisschildern folgen

Wolfsburg

1 Call a bike im Hauptbahnhof 156
2 Autostadt 157
3 TachoMeter 157
4 Das BROT 158
5 BEEFCLUB 158
6 Chardonnay in der Autostadt 158
7 Aqua im Ritz-Carlton 159
8 Werkstour 159
9 Alter Dorfkrug am Kanal 159
10 Science Center phaeno 161
11 An Nam 161
12 Designer Outlets Wolfsburg 161
13 Porschestraße 162
14 Eat with Heart 163
15 Café Cadera 163
16 Delphin-Palast 164
17 Superleggera 164
18 Alvar-Aalto-Kulturhaus 165
19 Kunstmuseum 166
20 Restaurant Awilon 167
21 Planetarium Wolfsburg 168
22 Scharoun-Theater Wolfsburg 168
23 Heilig-Geist-Kirche 169
24 Tiergehege 170
25 Lehrpfad auf dem Klieversberg 170
26 Parkhotel Wolfsburg 170
27 Museumswohnung 171
28 Vini d'Italia 171
29 Trattoria Incontri 171
30 Hallenbad 172
31 Kaufhof 172
32 Erinnerungsstätte an die Zwangsarbeit auf dem Gelände des VW-Werks 173
33 Islamisches Kulturzentrum 174
34 St. Christopherus 174
35 VW-Bad 175
36 Vfl-Stadion am Elsterweg 175
37 Heßlingen 176
38 Atelier Café 177
39 Wolfsburger Figurentheater Compagnie 177
40 AutoMuseum Volkswagen 179
41 Volkswagen Arena 179
42 Allerpark 180
43 Schützen- und Volksfest im Allerpark 181
44 Rock im Allerpark 181
45 AOK Stadion 181
46 Vfl-FußballWelt 182
47 EisArena 182
48 monkeyman Hochseilgarten 183
49 Schloss Wolfsburg 184
50 Stadtmuseum 184
51 Schlosspark Wolfsburg 185
52 Centro Hotel Alter Wolf 185
53 Bockwindmühle Kästorf 186
54 Gedenkstätte für die Opfer der nationalsozialistischen Gewaltherrschaft 186
55 Waldfriedhof 186
56 Stephanuskirche 187
57 Café Schrill 187
58 BO'CA meets Wine 187
59 Naturschutzgebiet Ilkerbruch 188
60 Schleuse Sülfeld 188
61 Rotheburg-Quelle 188
62 Altstadt Fallersleben 189
63 Hoffman-von-Fallersleben-Museum 190
64 Altes Brauhaus zu Fallersleben 190
65 Metropol Theater 191
66 Schwefelbad Fallersleben 191
67 La Fontaine 192
68 Freibad Fallersleben 192
69 Aktivspielplatz Fallersleben 192
70 L'Oliva Nera 192
71 Altstadtfest Fallersleben 193
72 Burg Neuhaus 193
73 Saphir 194
74 Brackstedter Mühle 194
75 HolzBankTheater 194
76 Movimentos 195

1 Entdecken
Hauptbahnhof

Eine Stadt für Radfahrer

Wolfsburg ist eine Autostadt. Nein, das stimmt nicht. Wolfsburg ist die Autostadt. Und doch gibt es auch hier andere Verkehrsmittel, zum Beispiel Fahrräder. Und es gibt hier – noch überraschender – ein ausgesprochen gut ausgebautes Fahrradwegenetz. Es spricht also nichts dagegen, Wolfsburg auf zwei Rädern zu erkunden, zudem es am Hauptbahnhof (der übrigens unter Denkmalschutz steht, wer hätte das gedacht) auch einen Fahrradverleih gibt, sodass man noch nicht einmal mit dem eigenen Rad anreisen muss.

Call a bike im Hauptbahnhof Wolfsburg
www.callabike.de

2 Entdecken
Autostadt

Nicht nur für Autonarren

Wolfsburg hat eine Autostadt. Sie liegt zwischen der Wolfsburger Innenstadt und dem VW-Werk. Eigentlich dient sie als Kundenzentrum für Käufer, die ihre Autos selbst abholen, ist aber auch gleichzeitig Freizeitpark und Museum und bietet ganz viel Raum für Kulturveranstaltungen. Zu diesen zählen neben dem renommierten Tanzfestival „Movimentos“ auch der „Cirque Nouveau“, der Wintermarkt, die Eiskunstshows, die Wasserfontänenshows und diverse Konzerte. Nicht zu vergessen die Kunstinstallationen, von denen der 15 Meter lange Dufttunnel mit seinen 2160 (!) Blumentöpfen die tollste ist. Aber natürlich steht das Auto im Mittelpunkt der Aktivitäten und Dauerausstellungen der Autostadt. Im ZeitHaus werden zum Beispiel Automobile von den Anfängen gegen Ende des 19. Jahrhunderts bis heute gezeigt. Darunter befindet sich unter anderem ein Nachbau des Benz Patent Motorwagens Nummer 1

von 1886. Auch eine Nachbildung des Bugatti Atlantic, von dem weltweit nur zwei Exemplare existieren, wird hier ausgestellt. Aber natürlich werden auch die Marken des Konzerns mit eigenen Pavillons gewürdigt.

Autostadt
Stadtbrücke
38440 Wolfsburg
T. 0800 288 67 82 38
www.autostadt.de
tgl. 9–18 Uhr, außer 24. und 31.12.
Anfahrt: zu Fuß vom Hauptbahnhof

3 Genießen
Autostadt

Kulinarische Spezialität Wolfsburger Art
Seit 1973 gibt es die VW-Currywurst (offiziell: Currybockwurst), die in einer werkseigenen Fleischerei hergestellt wird. Sie enthält keine Phosphate, kein Glutamat und keine Milchsäure, hat weniger als 20 Prozent Fett und ist 25 Zentimeter lang. Es gibt sie in ausgewählten Supermärkten, im Stadion (als 16 cm-Variante) und in der Autostadt im TachoMeter. Berühmt ist auch der unverzichtbare VW-Gewürzketchup!

TachoMeter
Stadtbrücke
38440 Wolfsburg
www.autostadt.de

4 **Genießen**
Autostadt

Bei Wasser und Brot

Lust auf etwas anderes als eine Fleischwurst? In der Autostadt gibt es die Eismanufaktur „Cool and Creamy", die Pastamanufaktur „La Coccinella" und nicht zuletzt die Brotmanufaktur „Das BROT", in der man selbstgebackene Bio-Brote, belegte Stullen und leckere Suppen kaufen kann.

Das BROT
Stadtbrücke
38440 Wolfsburg
T. 05361 40 61 70
www.autostadt.de
Öffnungszeiten: siehe Autostadt
Anfahrt: zu Fuß vom Hauptbahnhof

5 **Genießen**
Autostadt

Fleisch ist mein Gemüse

Steaks, Meeresfrüchte und Gegrilltes: Fleisch- und Fischgerichte stehen hier im Mittelpunkt. Das Rindfleisch stammt übrigens ausschließlich aus deutschen Biobetrieben.

BEEFCLUB
Stadtbrücke
38440 Wolfsburg
T. 0800 611 66 00
www.autostadt.de
tgl. 17.30–23 Uhr
Anfahrt: zu Fuß vom Hauptbahnhof

6 **Genießen**
Autostadt

Puttin' on the Ritz

Luxuriöser geht's natürlich auch. Im Restaurant Chardonnay in der Autostadt werden innovative Gerichte mit regionalen Zutaten serviert. Dazu gibt es selbstgebackenes Brot als Appetizer!

Chardonnay in der Autostadt
Stadtbrücke
38440 Wolfsburg
T. 0800 611 66 00
www.autostadt.de
Mi–Sa 12–15 Uhr und 18–22 Uhr, So 12–15 Uhr
Anfahrt: zu Fuß vom Hauptbahnhof

7 **Genießen**
Autostadt

Das Feinste vom Feinen

Das Restaurant Aqua im Luxus-Hotel Ritz-Carlton bietet allerhöchste kulinarische Genüsse und gehört daher zu den Top-Adressen nicht nur in der Region Braunschweig-Wolfsburg, sondern in ganz Deutschland. Chefkoch Sven Elverfeld bürgt mit seinem guten Namen für die hohe Qualität (drei Michelin-Sterne!) der Küche.

Aqua im Ritz-Carlton
Parkstraße 1
38440 Wolfsburg
T. 05361 60 60 56
www.restaurant-aqua.com
Di–Sa 18.30–20.30 Uhr
Anfahrt: zu Fuß vom Hauptbahnhof

8 Erleben
Autostadt

Mensch und Maschine

Wer wissen will, wie die Autos gebaut werden, die man sich im Kundenzentrum der Autostadt abholen kann, sollte unbedingt an einer der Touren durch das VW-Werk teilnehmen! Beeindruckend!

Werkstour
Stadtbrücke
38440 Wolfsburg
www.autostadt.de
Mo–Fr 10–16 Uhr
Anfahrt: zu Fuß vom Hauptbahnhof

9 Genießen
Sandkamp

Für den kleinen Appetit und den großen Hunger

In der Nähe zum VW-Werk ist eine empfehlenswerte Gaststätte zu finden, die seit 1874 als Familienbetrieb geführt wird. Es gibt natürlich gutbürgerliche Küche (Motto: Fleisch ist mein Gemüse) aber auch Fisch, Spargel, Pfifferlinge und Salat. Das alles mit Blick auf den Kanal. Und im Sommer auch direkt am Wasser.

Alter Dorfkrug am Kanal
Knüppeldamm 9
38442 Wolfsburg
T. 05361 398 83
www.alter-dorfkrug-am-kanal.de
Mo–Sa 11.30–14 Uhr und 17.30–22 Uhr, So 11.30 Uhr–14.30 Uhr
Anfahrt: Haltestelle Sandkamp

10 **Erleben**
Rothenfelde

Phänomenal

Erst einmal die Fakten: Das Wissenschaftszentrum phaeno gibt es seit 2005 und wird jährlich von einer viertel Million Menschen besucht. Auf den 9000 Quadratmetern gibt es 350 interaktive Experimentierstationen in den Themenbereichen Leben, Sehen, Energie, Dynamik, Spürsinn und Mathe zu entdecken, rund 40 davon wurden von Künstlern gestaltet. Das Gebäude, in dem das phaeno untergebracht ist, besteht hauptsächlich aus Stahl und Beton – von letzterem wurden 27 000 Kubikmeter verbaut. Zu den Highlights des phaeno zählen sicherlich die Shows im Wissenschaftstheater. Hier wird das jeweilige Thema der aktuellen Sonderausstellung aufgegriffen – wodurch dann auch schon mal ein Zauberer auftreten kann oder zwei Künstler die Schönheit der Seifenblasen vorführen. Sie merken schon: Im phaeno geht es nicht darum, Wissenschaft zu lehren, sondern eher darum, sie spielerisch zu vermitteln. Viel Vergnügen mit dem sprechenden Roboter und dem Feuertornado!

Science Center phaeno
Willy-Brandt-Platz 1
38440 Wolfsburg
T. 05361 89 01 00
www.phaeno.de
Di–Fr 9–17 Uhr, Sa–So 10–18 Uhr
Anfahrt: zu Fuß vom Hauptbahnhof

11 Genießen
Rothenfelde

Essen für alle

Hungrig geworden nach dem Ausflug in die Autostadt, in den Allerpark oder in das Outlet Center? In Bahnhofsnähe gibt es mit dem An Nam einen Ort, wo Sie leckeres asiatisches Essen und Fruchtshakes genießen können, und zwar sowohl mittags als auch abends. Von den Außenplätzen aus hat man einen schönen Blick auf das phaeno.

An Nam
Willy-Brandt-Platz 8
38440 Wolfsburg
T. 05361 275 76 51
www.an-nam.net
tgl. 11–23 Uhr
Anfahrt: zu Fuß vom Hauptbahnhof

12 Erleben
Rothenfelde

Shopping-King

Outlet-Läden sind eine gute Möglichkeit, Markenartikel günstig zu erwerben. In Wolfsburg gibt es mit den Designer Outlets Wolfsburg eine ganze Ansammlung solcher Geschäfte, in denen man unter anderem Kleidung von Calvin Klein, Porzellan von Rosenthal und Schokolade von Lindt erwerben kann.

Designer Outlets Wolfsburg
An der Vorburg 1
38448 Wolfsburg
T. 05361 89 35 00
www.designeroutlets-wolfsburg.de
Mo–Do 10–19 Uhr, Fr–Sa 10–20 Uhr
Anfahrt: zu Fuß vom Hauptbahnhof

13 Entdecken
Innenstadt

Die Zukunft hat begonnen

Mit ihren 125 000 Einwohnern und Einwohnerinnen ist Wolfsburg die fünftgrößte Stadt Niedersachsens. Sie wurde erst 1938 gegründet, und zwar als Sitz und Standort des Volkswagenwerks sowie als Wohnort für seine Mitarbeiter. Wolfsburg zählt zu den Städten mit dem höchsten Bruttoinlandsprodukt Deutschlands. Diese Fakten muss man kennen, um zu verstehen, wie die Stadt tickt. Zusammengefasst lässt sich also sagen: Wolfsburg ist verhältnismäßig klein, sehr jung und verdammt reich. Kommen wir nun zur Porschestraße, der 1300 Meter langen Aorta der Stadt. Sie wurde nach Ferdinand Porsche benannt, der von 1938 bis 1945 Hauptgeschäftsführer der Volkswagenwerk GmbH war. Auch das ist nicht ganz nebensächlich für das Verständnis der Stadt. Die Porschestraße führt einmal quer durch die Innenstadt und verbindet das Kunstmuseum mit dem Wissenschaftszentrum, das Südkopf-Center mit dem Bahnhof und das Alvar-Aalto-Kulturhaus mit den Designer Outlets. Das zeigt auch schon, was die eigentliche Qualität dieser Straße, dieser Fußgängerzone, ist: Sie verknüpft einen Großteil der vielen Attraktionen der Stadt miteinander. Und shoppen kann man hier auch! Und es gibt Flohmärkte und Weihnachtsmärkte. Was will man mehr?

Porschestraße
38440 Wolfsburg-Innenstadt
Anfahrt: zu Fuß vom Hauptbahnhof

14 Genießen
Innenstadt

Wo das Herz mitisst

Noch eine Möglichkeit sich bei Ausflügen nach Wolfsburg zu stärken: Im Eat with Heart gibt es nicht nur Burger in allen Variationen (in Bio-Qualität!), sondern auch Brot und Brötchen aus der hauseigenen Bäckerei. Und dazu kann man Säfte, Shakes und Limonaden sowie kalifornische Craft-Biere genießen.

Eat with Heart – Grillrestaurant & Bakery
Porschestraße 26–30
38440 Wolfsburg
T. 05361 890 54 45
www.eathwithheart.de
Mo–Do 10–0 Uhr, Fr–Sa 10–1 Uhr, So 10–23 Uhr
Anfahrt: zu Fuß vom Hauptbahnhof

15 Genießen
Innenstadt

Damals, heute, immer

Hinter der neumodischen Straßenfassade vermutet man eigentlich kein Café mit einem derartig schönen Innenraum. Die geschwungene Treppe mit dem filigran gearbeiteten Geländer, das großformatige Buntglasfenster zum Hof, der prächtige Leuchter. Alles vermittelt hier das Flair der 1950er-Jahre, also die Zeit, in der das Traditionscafé gegründet wurde. Und Kaffee und Kuchen gibt's hier auch.

Café Cadera
Porschestraße 38
38440 Wolfsburg-Innenstadt
T. 05361 121 25
www.cadera.de
Mo–Fr 7–19 Uhr, Sa 7–18 Uhr, So 9–17 Uhr
Anfahrt: zu Fuß vom Hauptbahnhof

16 Erleben
Innenstadt

Für Kinofans

Der Delphin-Palast ist Wolfsburgs ältestes Kino. 2007 musste es jedoch schließen – nur um ein Jahr später ein fulminantes Comeback zu erleben. Noch immer gibt es hier die roten Plüschsessel und noch immer werden aktuelle Kinofilme gezeigt. Das reguläre Programm (stets ohne Werbung, Pausen und Überlängenaufschlag) wird ergänzt durch Kunstfilme und die Horror- und Trashnächte. Indie-Kino vom Feinsten!

Delphin-Palast
Porschestraße 39
38440 Wolfsburg
T. 05361 307 05 07
www.delphin-kino.de
Anfahrt: zu Fuß vom Hauptbahnhof

17 Genießen
Innenstadt

Auf der Terrasse und unter dem Kronleuchter

Das Superleggera ist nicht nur stilvoll eingerichtet, sondern beweist auch in jeder anderen Hinsicht Geschmack. Das gilt für die dezente Pianomusik und den DJ am Plattenteller genauso wie für die klassischen Kaffeespezialitäten, die erlesenen Weine und die exquisiten Cocktails.

Superleggera
Porschestraße 47a
38440 Wolfsburg
T. 0177 245 52 92
www.superleggera-bar.de
Fr–Sa 9–open end, So 12–20 Uhr
Anfahrt: zu Fuß vom Hauptbahnhof

18 Entdecken
Innenstadt

Für Kultur- und Architekturfans

Wolfsburg hat schon viele Stararchitekten angelockt. Unter anderem den Finnen Alvar Aalto, der hier eine ganze Reihe bedeutender Bauten errichten durfte. Darunter das 1958 eröffnete städtische Kulturhaus, das unter anderem die Stadtbibliothek beherbergt. Hier entfaltet sich die Baukunst des Skandinaviers zu voller Pracht und Schönheit. Der Saal für Erwachsene ist ein fensterloser Raum mit zahlreichen Oberlichtern und einem abgesenkten Bereich in der Mitte. Die Lampen sind Unikate, die extra für das Haus entworfen worden sind. Und in der Kinderbücherei

(mit den großen Fenstern Richtung Süden) ist auch noch das Originalmobiliar vorhanden. Ebenfalls sehens- und besuchenswert: die Räume der Städtischen Galerie und das aalto-bistro im ehemaligen Jugendclub des Zentrums.

Alvar-Aalto-Kulturhaus
Porschestraße 51
38440 Wolfsburg
T. 05361 891 22 18
www.aalto-wolfsburg.de
Mo–Do 11.30–15 Uhr und 18–23 Uhr, Fr–Sa 18–23 Uhr
Anfahrt: zu Fuß vom Hauptbahnhof, mit dem Auto über die A2, am Dreieck Wolfsburg/Königslutter auf die A39, Abfahrt Wolfsburg, Braunschweiger Straße folgen bis Kunstmuseum

19 **Entdecken**
Innenstadt

Höchste Kunst

Andreas Gursky, Damien Hirst, Anselm Kiefer, Bruce Naumann, Neo Rauch, Cindy Sherman und Jeppe Hein. Das sind nur einige der Künstlerinnen und Künstler, deren Werke das Kunstmuseum Wolfsburg sammelt. Die Liste macht deutlich, wo es sich verortet: nämlich in der zeitgenössischen Kunst. Das ist schön, weil es eine gute Ergänzung bietet zu den Kunstmuseen in Braunschweig, vor allem zum Herzog Anton Ulrich-Museum, dessen Konzept dem Wolfsburger diametral entgegen zu stehen scheint. Aber man muss das ja auch nicht gegeneinander ausspielen – man kann vielleicht beides goutieren. Das Kunstmuseum ist damit übrigens recht erfolgreich. Fast 100 000 Menschen besuchen es pro Jahr. Sie genießen die innovativen Ausstellungen, die zum Beispiel „Meisterwerke der Avantgarde-Fotografie“ zeigen, Pop Art in Großbritannien featuren oder die Verbindungen von Slapstick und Kunst würdigen – unter anderem mit Werken von Laurel & Hardy und Charlie Chaplin. 3500 Quadratmeter stehen dem Museum für seine Ausstellungen zur Verfügung. Dabei wird keine

Kunstgattung ausgelassen und kein Medium vergessen: Ob Malerei oder Skulptur, ob Fotografie oder Film, ob Mode oder Design – das Museum ist breit aufgestellt und dem Neuen aufgeschlossen! Lust bekommen auf dieses tolle Museum? Dann auf nach Wolfsburg! PS: Auch architektonisch hat das vom Hamburger Architektenbüro Schweger + Partner geplante Kunstmuseum einiges zu bieten. Es wirkt einladend nach außen, und die sechzehn Meter hohe Halle mit ihrem quadratischen Grundriss bietet die Möglichkeit, unterschiedlichste Ausstellungen adäquat zu präsentieren.

Kunstmuseum
Hollerplatz 1
38440 Wolfsburg
T. 05361 266 90
www.kunstmuseum-wolfsburg.de
Di–So 11–18 Uhr
Anfahrt: Haltestelle Kunstmuseum, mit dem Auto über die A2, am Dreieck Wolfsburg/Königslutter auf die A39, Abfahrt Wolfsburg, Braunschweiger Straße folgen bis Kunstmuseum

20 Genießen
Innenstadt

Kunstgenuss

Und was macht man nach dem Kunstgenuss? Genau: Man geht in das Restaurant Awilon, das im Kunstmuseum untergebracht ist. Hier kann man bei Speis und Trank die Aussicht auf das Theater, das Planetarium und das Treiben auf der Porschestraße genießen.

Restaurant Awilon

Hollerplatz 1
38440 Wolfsburg
T. 05361 255 99
www.wurstmuseum-wolfsburg.de/restaurant
Di–Do 11–18 Uhr, Fr–Sa 11–22 Uhr, So 11–18 Uhr
Anfahrt: siehe Tipp 19

21 Erleben
Innenstadt

All das und noch viel mehr

Das Planetarium Wolfsburg zählt zu den zehn größten Planetarien in Deutschland. Und es ist eines der besten! Mit Hilfe eines Projektors werden 9000 Sterne unter das Kuppeldach mit seinen 15 Metern Durchmesser geworfen. Das Ergebnis ist eine verblüffend realistische Darstellung eines Sternenhimmels. Selbstverständlich kann auch unser Sonnensystem dargestellt werden und auch so ziemlich alles andere. Das wird im Veranstaltungsprogramm unter Beweis gestellt, das für jedes Alter und jeden Geschmack etwas zu bieten hat. Für die Kinder gibt es den „Regenbogenfisch", „Lars der kleine Eisbär" und „Der Mond – Ein Märchen unter Sternen", und für diejenigen, die sich ernsthaft für Astronomie und Wissenschaft interessieren, gibt es Shows, die sich der Entdeckung des Weltalls oder der

Frage, ob es eigentlich Außerirdische gibt, widmen. Auch Pflanzenfreunde kommen hier mit „Orchideen – Wunder der Evolution" voll auf ihre Kosten. Und nicht zuletzt werden auch Liebhaber psychedelischer Musik bedient – in drei (!) verschiedenen Pink-Floyd-Shows! Und wollten Sie nicht schon immer mal Polarlichter genießen, ohne zum doch recht kühlen Polarkreis reisen zu müssen? Im Planetarium Wolfsburg ist (fast) alles möglich!

Planetarium Wolfsburg
Uhlandweg 2
38440 Wolfsburg
www.planetarium-wolfsburg.de
T. 05361 899 93 20
Anfahrt: Haltestellen Köhlerbergstraße oder Congress Park, mit dem Auto über die A2, am Dreieck Wolfsburg/Königslutter auf die A39, Abfahrt Wolfsburg, Braunschweiger Straße folgen bis Theater oder Congresspark

22 Erleben
Klieversberg

Theaterleben

Beim Bau des Wolfsburger Theaters am Hang des Klieversbergs setzte sich der international renommierte Architekt Hans Scharoun mit seinem Entwurf unter anderem gegen den schon erwähnten Alvar Aalto durch. Auch wenn die Freilichtbühne, der Felsengarten und das Aussichtscafé leider nicht verwirklicht werden konnten, zählt das Theater mit seinen 850 Plätzen doch zu den wichtigsten Werken dieser Architekturrichtung und steht damit völlig zurecht unter Denkmalschutz. Auch das Programm dieser Spielstätte kann sich natürlich absolut sehen und hören lassen!

Scharoun-Theater Wolfsburg
Klieverhagen 50
38440 Wolfsburg
T. 05361 20 73 10
www.theater.wolfsburg.de
Anfahrt: siehe Tipp 21

23 Entdecken
Klieversberg

Der Heilige Geist

Wolfsburg ist das Architektur-Mekka Deutschlands. Eine kühne Behauptung meinen Sie? Möglicherweise, aber immerhin hat hier Alvar Aalto einige bleibende Spuren hinterlassen. Der finnische Stadtplaner, Architekt und Designer gilt als einer der Hauptvertreter des „organischen Bauens“, das eine enge Verbindung von den zu errichtenden Gebäuden und der Landschaft anstrebt, in die sie gesetzt werden. Einige seiner wichtigsten Werke sind das Hauptgebäude der Technischen Universität Helsinki, das Aalto-Theater in Essen, das Kunstmuseum in Aalborg. Nicht zu vergessen die berühmte Aalto-Vase, die er gemeinsam mit seiner Frau, der Designerin Aino Aalto, entworfen hat. Neben dem Alvar-Aalto-Kulturhaus in der Porschestraße hat der Stararchitekt in Wolfsburg auch noch die Heilig-Geist-Kirche und das dazugehörige Gemeindezentrum im Stadtteil Klieversberg gebaut. Der allererste Entwurf dafür soll angeblich auf einer Serviette in einem Wolfsburger Lokal entstanden sein, bei einer zufälligen Begegnung des künftigen Bauherrn mit dem Architekten. Das 1962 fertiggestellte Ensemble aus Kirche und Gemeindezentrum bildet ein Gesamtkunstwerk. Als erstes fällt natürlich der frei stehende Glockenturm auf, als zweites die äußerst sehenswerte, aber auch sehr schlichte Gestaltung des Innenraums.

Heilig-Geist-Kirche
Röntgenstraße 81
38440 Wolfsburg-Klieversberg
www.lukas-wolfsburg.de/unsere-Kirchen/Heilig-Geist
tgl. 9–18 Uhr
Anfahrt: Haltestelle Sauerbruch, mit dem Auto über die A2, am Dreieck Wolfsburg/Königslutter auf die A39, Abfahrt Wolfsburg, der Braunschweiger Straße folgen, links abbiegen in die Röntgenstraße

24 Entdecken
Klieversberg

Für Vogelfreunde und Menschenliebhaber

Auch das ist Wolfsburg: Mitten in der Stadt, in einem stillgelegten Steinbruch am Klieversberg in der Nähe des Mahnmals der Heimatvertriebenen gibt es ein ganz reizendes Tiergehege, in dem unter anderem Pfauen, Hühner, Lachtauben und Gänse aus nächster Nähe zu betrachten sind. Der Eintritt ist kostenlos und es gibt einen Picknickplatz mit Blick auf den Teich.

Tiergehege
38440 Wolfsburg
T. 05361 365 70
www.tiergehege-wolfsburg.de
tgl. 8.30–15.30 Uhr
Anfahrt: Haltestelle Wolfsburg Klinikum

25 Erleben
Klieversberg

Natürlich auch das!

Kaum zu glauben, aber Wolfsburg ist eine sehr grüne und naturnahe Stadt. Besonders deutlich wird das bei einem entspannten wie lehrreichen Sonntagnachmittagsspaziergang über den Klieversberg..

Lehrpfad auf dem Klieversberg
Klieversberg
Anfahrt: Haltestelle Wolfsburg Klinikum

26 Genießen
Steimker Berg

Mit Kind und Kegel

Das barrierefreie Parkhotel ist am Steimker Berg gelegen und befindet sich in direkter Nähe zum Naturschutzgebiet Hattorfer Holz. Besonders schön sind die Rosenterrasse und der Wintergarten. Es locken außerdem saisonale Gerichte, vier Sterne und eine Kegelbahn im Keller.

Parkhotel Wolfsburg
Unter den Eichen 55
38446 Wolfsburg
T. 05361 5050
www.parkhotel-wolfsburg.de
Mo–Sa 12–14 Uhr und 18–22 Uhr, So 12–14 Uhr und 18–21 Uhr
Anfahrt: Haltestelle Steimker Berg

27 Entdecken
Innenstadt

Minimuseum

Die Museumswohnung ist eine kleine Wohnung mit Wohnküche in der Stadtmitte, die auf den Stand von 1942 zurückgebaut und nach zeitgenössischen Vorbildern eingerichtet wurde. Für die damaligen Verhältnisse war sie sehr komfortabel eingerichtet. Direkt daneben befindet sich die„Altdeutsche Bierstube", die in eben jenem Jahrzehnt – den 40er-Jahren des 20. Jahrhunderts – ihre Türen öffnete.

Museumswohnung
Schillerstraße 30
38440 Wolfsburg
www.nld.de/service/museumswohnung
Anfahrt: Haltestelle Piazza Italia

28 Genießen
Innenstadt

Wein und mehr

Nur ein paar Häuser weiter zeigt sich mit der Weinhandlung Vini d'Italia das moderne Wolfsburg. Angeschlossen ist übrigens ein sehr gemütliches Restaurant.

Vini d'Italia
Schillerstraße 25
38440 Wolfsburg
T. 05361 154 46
www.viniditalia-wolfsburg.de
Mo–Mi 10–20 Uhr, Do–Fr 10–21 Uhr, Sa 10–16 Uhr
Anfahrt: Haltestelle Piazza Italia

29 Genießen
Innenstadt

Heimische Küche

Die Italiener waren die ersten Ausländer, die sich in Wolfsburg ansiedelten, sodass sie quasi zu den Ureinwohnern zählen. Kein Wunder also, dass sich in Wolfsburg mit dem Piazza Italia ein Ort findet, wo diese Tradition gepflegt wird. Im Incontri (deutsch: Treffpunkt) gibt es mediterrane Küche zu genießen, also Pizza, Pasta, Antipasti. Buon appetito!

Trattoria Incontri
Goethestraße 53
38440 Wolfsburg
T. 05361 43 72 54
Mo–Sa 11.30–23 Uhr, So 16–23 Uhr
Anfahrt: Haltestelle Piazza Italia

30 Erleben
Innenstadt

Wenn die Kultur baden geht

Dass eine ungewöhnliche Stadt auch ein ungewöhnliches Kulturzentrum braucht, ist ja klar. Es befindet sich in einem ehemaligen Hallenbad am Schachtweg und heißt deshalb auch so. Im ehemaligen Schwimmerbecken unter dem illuminierten Sprungturm finden zum Beispiel Kunstausstellungen oder Konzerte (Jazz im Pool) statt. Die größere Bühne ist im Nichtschwimmerbecken untergebracht und der Underground hat im Sauna-Klub sein Domizil gefunden. Besonders empfehlenswert sind die „Lesetage“, bei der namhafte Schriftsteller ihre Werke vorstellen.

Hallenbad
Schachtweg 31
38440 Wolfsburg
T. 05361 272 81 00
www.hallenbad.de
Anfahrt: Haltestelle Kaufhof

31 Genießen
Innenstadt

Die Partymeile

Der Kaufhof ist Wolfsburgs älteste Ausgehstraße – und immer noch die beliebteste. Zwischen Schiller- und Kantstraße gelegen, locken hier Cocktailbars, Bierkneipen und Speisegaststätten. Insbesondere in den Sommermonaten entsteht hier eine ganz besondere Atmosphäre, wenn hier alle Gäste gemeinsam eine Party feiern. Ist das wirklich noch das vermeintlich so unterkühlte Wolfsburg?

Kaufhof
Kaufhof
38440 Wolfsburg
Anfahrt: Haltestelle Kaufhof

32 Entdecken
Volkswagenwerk

Beeindruckend

Das Volkswagenwerk hat seinen Ursprung in der Zeit des Nationalsozialismus. Ziel war es ursprünglich, ein preisgünstiges Auto zu produzieren. Gleich zu Kriegsbeginn wurde jedoch die Produktion auf Rüstungsgüter umgestellt, und schon ab 1940 wurden die ersten der insgesamt 20 000 Zwangsarbeiter eingesetzt. In der Erinnerungsstätte wird ihrer gedacht.

Erinnerungsstätte an die Zwangsarbeit auf dem Gelände des Volkswagenwerks
Berliner Ring 2
38440 Wolfsburg
www.volkswagenag.com/de/group/history.html
Besichtigung nach vorheriger Terminabsprache:
history@volkswagen.de

33 Entdecken
Schillerteich

Die Moschee

Religionsgemeinschaften in Wolfsburg? Gibt es jede Menge! Neben Katholiken und Lutheranern gibt es hier auch Selbstständige Lutheraner, Baptisten, Adventisten, Pfingstler, Mennoniten, Methodisten, Zeugen Jehovas und Mormonen. Eine hübsche Besonderheit ist, dass mitten durch Wolfsburg die Grenze zwischen zwei evangelischen Landeskirchen verläuft – ein Teil der Gemeinden gehört daher zur Braunschweigischen, der andere zur hannoverschen Landeskirche. Neben den diversen christlichen Konfessionen sind hier natürlich auch Juden vertreten (auch diese separiert, in eine orthodoxe und in eine liberale Gemeinde). Nicht zu vergessen die Muslime, die ebenfalls mit zwei Gemeinden aufwarten können, eine türkische und eine arabische. Dass es in der Stadt derartig viele verschiedene Religionsgemeinschaften gibt, liegt

sicherlich auch daran, dass Wolfsburg eine Stadt mit enorm vielen Einwanderern ist. Dadurch gibt es allerdings auch keine Religionsgemeinschaft, die die Stadt dominiert. Wie gesagt: Es gibt zwei Moscheen in Wolfsburg. Die eine von ihnen – die 2006 eingeweihte Al-Salam-Moschee mit dem Islamischen Kulturzentrum am Berliner Ring – ist ein echtes Kleinod. Sie besticht durch die elegante grünweiße Farbgebung. Auf den Bau eines Minaretts wurde übrigens verzichtet. Auch Nichtmuslime können die Moschee samt Gebetsraum, Kanzel und Waschraum besichtigen, sollten sich aber vorher anmelden.

Islamisches Kulturzentrum
Berliner Ring 39
38440 Wolfsburg
T. 05361 276 45 72
www.islam-wolfsburg.de
Anfahrt: Haltestelle VW-Bad

34 Entdecken
Innenstadt

Für Kirchgänger und Autofahrer
Eine schöne, moderne katholische Kirche, die dem Schutzpatron der Autofahrer geweiht ist. Das ist Wolfsburg!

St. Christopherus
Antonius-Holling-Weg 15
38440 Wolfsburg
T. 05361 20 66 01
Anfahrt: Haltestelle Wolfsburg Rathaus

35 Erleben
Schillerteich

Das Bad

Das VW-Bad – ein Freibad – ist etwas ganz Besonderes, denn es ist als Architektur- und Landschaftsdenkmal ausgewiesen. Ab 1950 war es im Auftrag der damaligen Volkswagenwerk GmbH geplant worden. Der Hildesheimer Architekt Otto Immendorff entwarf es zusammen mit dem Garten- und Landschaftsplaner Wilhelm Heintz. Erklärtes Ziel war die Schaffung einer „der schönsten und modernsten Freizeitanlagen". Das Bad wurde von der VW-Bauabteilung innerhalb von 90 Tagen errichtet und vom Volkswagenwerk der Stadt Wolfsburg geschenkt. Um 1960 besuchten jährlich rund 200 000 Gäste das Bad, in heißen Jahren stieg die jährliche Besucherzahl auf fast 300 000 an. Um 1980 konnten sogar rund 550 000 Besucher jährlich gezählt werden – womit das VW-Bad das meistbesuchte Wolfsburger Schwimmbad war. Berühmt ist der Zehnmeterturm. Auch wenn nicht mehr ganz so viele Menschen das Bad besuchen – derzeit sind es nicht ganz 100 000 – ist es bei den Wolfsburgern doch immer noch außergewöhnlich beliebt.

VW-Bad
Berliner Ring 41
38440 Wolfsburg
T. 05361 240 04
www.wolfsburg.de/leben/sport/badespass
Mo–Fr 6–20 Uhr, Sa–So 8–20 Uhr
Anfahrt: Haltestelle VW-Bad

36 Entdecken
Heßlingen

Das Stadion

Für Groundhopper ist dieses Stadion Pflichtprogramm, denn hier begann der Aufstieg des VfL Wolfsburg. Neben den Amateur-Fußballmannschaften des VfL nutzt die Leichtathletikabteilung des Vereins das Stadion.

VfL-Stadion am Elsterweg
Elsterweg 5
38446 Wolfsburg
T. 05361 890 39 03
www.vfl-wolfsburg.de
Anfahrt: Haltestelle Wolfsburg VfL-Stadion

37 Entdecken
Heßlingen

Traditionsinsel

Ilse Nikolaus – besser bekannt als „Rote Ilse“ – wurde 1937 in Berlin geboren, doch kurz vor Kriegsende verschlug es sie mit ihrer Familie nach Wolfsburg. In den 1960er-Jahren schloss sich die Hausfrau und Mutter von vier Kindern der Außerparlamentarischen Opposition an, wurde allerdings auch Mitglied der SPD, aus der sie jedoch wegen ihres Engagement für die DKP ausgeschlossen wurde. 1970 gründete sie in der Breslauer Straße die Kommune K3. Nach einer dreijährigen Haftstraße kehrte sie nach Wolfsburg zurück und gründete in einem Bauernhaus im Stadtteil Heßlingen eine neue Kommune. Ein Bauernhaus in Wolfsburg? Richtig gelesen. Und Heßlingen ist nur zehn Minuten vom Hauptbahnhof entfernt! Heute ist dem hübschen Stadtteil – Dorf wäre vielleicht treffender – nichts mehr von diesen wilden Zeiten anzumerken. Heßlingen hat sich herausgemacht mit seinen Kopfsteinpflasterstraßen und dem Hasselbach, mit der wuchtigen und uralten St. Annen-Kirche und seinen beschaulichen Fachwerkhäuschen sowie mit den Ateliers, Galerien, Theatern und Cafés. Und dann wären da ja auch noch das Hirtenhaus und Centro Italiano zu nennen, das italienische Kulturzentrum. Die Lebensbedingungen der italienischen Gastarbeiter waren es auch, die die Rote Ilse damals gegen die herrschenden Verhältnisse aufbrachte. Ihre Kommune gibt es heute natürlich nicht mehr. Aber Heßlingen sollten Sie unbedingt mal besuchen!

Heßlingen
Am Hasselbach
38446 Wolfsburg
Anfahrt: zu Fuß vom Hauptbahnhof

38 Genießen
Heßlingen

Drei Sterne, ein Zimmer

Kunst und Küche – wie gut sich das ergänzt, erlebt man im Atelier Café im Ortsteil Heßlingen. Ob Kaffee und Kuchen, Mittagstisch oder Frühstück – hier gibt's für jede Gelegenheit etwas zu schnabulieren. Die moderne Inneneinrichtung bildet einen schönen Kontrast zur äußeren Fachwerkhülle. Im Sommer kann man auch draußen im Garten unter den großen Bäumen sitzen. Nicht zu vergessen: Das Haus beherbergt auch Deutschlands kleinstes Dreisternehotel: das Hotel „Einschlaf", das aus einem einzigen Zimmer besteht.

Atelier Café
An der St. Annen-Kirche 11
38440 Wolfsburg
T. 05361 122 19
www.ateliercafe.de
tgl. 9–18 Uhr
Anfahrt: zu Fuß vom Hauptbahnhof

39 Entdecken
Rothenfelde

Das Theater

Dass Figurentheater nicht nur etwas für Kinder ist, beweist die Wolfsburger Figurentheater Compagnie immer wieder aufs Neue. Zwar richten sich die meisten Produktionen an Zuschauer im Kindergarten- bis Grundschulalter, doch auch für Erwachsene werden gerne „Dramödien" inszeniert. Zum Repertoire zählen sowohl Stücke, die auf klassischem Stoff beruhen, als auch ganz neue Geschichten. Unbedingt mal anschauen!

Wolfsburger Figurentheater Compagnie
Am Hasselbach 4
38440 Wolfsburg
T. 05361 27 62 37
www.wolfsburger-figurentheater.de
Anfahrt: zu Fuß vom Hauptbahnhof

40 Entdecken
Heßlingen

Käferkunde

Etwas abseits der touristischen Anziehungspunkte Wolfsburgs gibt es seit 1985 ein Biotop für seltene Käferarten. Hier können Sie sorgsam gehätschelte Exemplare des Holzkäfers, des Korb-Käfers und des Briefmarkenkäfers begutachten. Sogar einen Herbie gibt es hier zu sehen! Mit anderen Worten: Sie befinden sich im Automuseum im Stadtteil Heßlingen. Neben den besagten Käfern (und noch vielen anderen) gibt es auch Bullis zu bestaunen, zum Beispiel in der Variante des Feuerwehrpritschenwagens mit Drehleiter von 1965 oder als Westfalia Campingwagen von 1978. Auch Rennwagen-Modelle (der Formel-V-Rennwagen FORMCAR von 1965) und verschiedene Golfs (zum Beispiel der Golf 1 GTI „Rheila" von 1981) haben hier eine Heimstatt gefunden. 130 Wagen sind ausgestellt, darunter diverse Prototypen, die niemals in Serie gegangen sind – die ersten und letzten ihrer Art!

AutoMuseum Volkswagen
Dieselstraße 35
38446 Wolfsburg
T. 05361 520 71
www.automuseum-volkswagen.de
Di–So 10–17 Uhr
Anfahrt: ab Hauptbahnhof mit Bus 212, mit dem Auto über die A2, am Dreieck Wolfsburg/Königslutter auf die A39, Abfahrt Wolfsburg, dann Hinweisschildern folgen

41 Erleben
Allerpark

Heimat der Wölfe

Südostniedersachsen – hier ist der Fußball zuhause. Mit Eintracht Braunschweig (Deutscher Meister 1967), Hannover 96 (1938 und 1954) und dem VfL Wolfsburg (2009) gibt es aus dieser Großregion sogar drei Vereine, die wahlweise in der 1. oder 2. Bundesliga spielen. Und die daher in einer scharfen Konkurrenz zueinander stehen – die Derbys sind legendär! Zwischen den Stadien in Braunschweig und Wolfsburg liegen gerade mal 30 Kilometer – und doch auch Welten. Denn während in der Metropole an der Oker ausschließlich deutsche Mannschaften antreten (meist aus der

besten zweiten Liga der Welt), spielen in der Stadt an der Aller auch gerne mal internationale Teams. Wer also wirklich hochklassigen Fußball sehen möchte, ist gut beraten, nach Wolfsburg zu fahren und die Volkswagen Arena aufzusuchen. An wen man mehr sein Herz hängt – an den VfL oder an die Eintracht – ist natürlich eine andere Frage.

Volkswagen Arena
In den Allerwiesen 1
38446 Wolfsburg
www.vfl-wolfsburg.de
Anfahrt: zu Fuß vom Hauptbahnhof, mit dem Auto Auto über die A2, am Dreieck Wolfsburg/Königslutter auf die A39, Abfahrt Wolfsburg, dann Hinweisschildern folgen

42 **Erleben**
Allerpark

Unser aller Park

Wolfsburg kann mit einem wirklich sensationellen Freizeitangebot aufwarten. Dazu gehören natürlich die Autostadt, das phaeno, das Kunstmuseum, das Schloss und der Stadtteil Fallersleben! Das tollste ist aber vielleicht der 130 Hektar große Allerpark, der derartig viele Freizeitmöglichkeiten bietet, das man sie kaum alle aufzählen kann. Im Zentrum: der 1970 eröffnete Allersee. Hier kann man Wakeboarding betreiben, im Hochseilgarten kraxeln, in der Eishalle Schlittschuhlaufen und das Bowlingcenter besuchen. Das Flaggschiff ist natürlich das Badeland mit der Saunalandschaft und dem Wellenbad. Des weiteren finden im Allerpark regelmäßig Flohmärkte, Volksfeste und Messen statt. Da lohnt sich auch ein längerer Aufenthalt!

Allerpark
Allerpark
38448 Wolfsburg
www.allerpark-wolfsburg.de
05361 89 71 400
Anfahrt: Haltestelle Badeland oder Haltestelle Allerpark, mit dem Auto A2, am Dreieck Wolfsburg/Königslutter auf die A39, Abfahrt Wolfsburg, dann Hinweisschildern folgen

43 Erleben
Allerpark

Volltreffer

100 Schausteller, 400 000 Gäste – das Schützenfest in Wolfsburg ist *das* Volksfest im Braunschweiger Land. Ausgerichtet wird es von der Schützengesellschaft Wolfsburg, die natürlich auch einen Schützenkönig ausschießt. Gut Schuss!

Schützen- und Volksfest im Allerpark
www.sg-wolfsburg.de
Anfahrt: siehe Tipp 42

44 Erleben
Allerpark

Für Punker, Rocker, Popper

Das Kulturzentrum Hallenbad verlässt einmal im Jahr ihre heiligen Schwimmhallen und geht in den Allerpark, um dort ein großes Festival zu feiern. Eingeladen ist jeweils eine große deutsche Band als Headliner – bisher zum Beispiel Madsen, die Donots oder Revolverheld – und einige Lokalhelden und Newcomer.

Rock im Allerpark
www.allerpark-wolfsburg.de/de/veranstaltungen.html
Anfahrt: siehe Tipp 42

45 Erleben
Allerpark

Frauen vor!

VfL Wolfsburg – im Jahr 2013 holte der Verein das Triple aus Deutscher Meisterschaft, deutschem Pokal-Gewinn und dem Champions-League-Sieg. Und zwar im Frauenfußball, der ja immer populärer wird, nicht zuletzt weil er zum Beispiel hier in Wolfsburg so vorbildlich gefördert wird. Die Damen (und auch die Nachwuchsmannschaften) des VfL treten im AOK Stadion an, in unmittelbarer Nachbarschaft zur Volkswagen Arena.

AOK Stadion
Allerpark 1
38448 Wolfsburg
www.vfl-wolfsburg.de
Anfahrt: siehe Tipp 42

46 Erleben
Allerpark

Fußball spielen

Hier noch ein Highlight im Allerpark, das ich gesondert vorstellen möchte: die VfL-FußballWelt. Direkt an den beiden großen Stadien angesiedelt, ist sie zum einen ein kleines Museum für die Geschichte des VfL, zum anderen jedoch eine kleine Erlebnislandschaft, in der man Fußball-Spielen nachgehen kann. Vor allen Dingen mit Kindern ist das ein großer Spaß. Und zum Abschluss kann man dann gemeinsam über die Karaoke-Anlage die Stadion-Hymne des Vereins singen!

VfL-FußballWelt
Allerpark 1
38448 Wolfsburg
T. 05361 890 36 55
www.vfl-fussballwelt.de
Di–So 10–17 Uhr
Anfahrt: siehe Tipp 42

47 Erleben
Allerpark

Wo die Bären tanzen

Die Eissporthalle ist eine der großen und ein wenig unterschätzten Attraktionen der Stadt (kein Wunder bei der Konkurrenz). Es gibt aber wirklich keinen Ort in der Region, an dem man besser Schlittschuhlaufen kann als hier. Regelmäßig verwandelt sie sich jedoch in ein wahres Tollhaus – nämlich dann, wenn die Grizzlys spielen. Sie zählen zu den großen (erstklassigen!) deutschen Clubs, sodass es auch nicht verwundern kann, dass die Atmosphäre hier oft besser ist als bei vielen anderen Sportveranstaltungen im Braunschweiger Land. Für (bis zu 4500) echte Fans – und solche, die es werden wollen!

EisArena
Allerpark 5
38448 Wolfsburg
T. 05361 28 29 65
www.wolfsburg.de/eisarena
Anfahrt: siehe Tipp 42

48 Erleben
Allerpark

Im Höhenrausch

Kletterparks erfreuen sich derzeit einer großen Beliebtheit. Der Hochseilgarten Monkeyman ist besonders schön. Kinder und Erwachsene ab zehn Jahren können zwischen vier Parcours mit unterschiedlichem Schwierigkeitsgrad und natürlich auf unterschiedlicher Höhe wählen. Für kleinere Kinder gibt es zwei Niedrigseilparcours.

monkeyman Hochseilgarten
Allerpark 6
38448 Wolfsburg
T. 0800 222 78 88
www.monkeyman.eu
Anfahrt: siehe Tipp 42

49 Entdecken
Alt-Wolfsburg

Aufgeschlossen

Wolfsburg ist eine moderne Stadt. Und hat doch eine lange Tradition. Hierfür steht unter anderem das Wolfsburger Schloss, das gleich hinter der Autostadt, dem Stadion und dem Allerpark liegt. Bereits um 1300 hatten die von Bartensleben eine Wasserburg errichtet. Ihr Turm ist der älteste Teil des heutigen Schlosses. Hans von Bartensleben, genannt der Reiche, ließ es ab etwa 1574 großzügig ausbauen, sodass es mit Fug und Recht als eines der schönsten Beispiele für die sogenannte Weserrenaissance gelten darf.

Heute sind im Schloss die Städtische Galerie (eine Sammlung zeitgenössischer Kunst) und das Institut Heidersberger (dem Industrie- und Architekturfotografen Heinrich Heidersberger gewidmet) zuhause. Besonders toll: der als Veranstaltungssaal genutzte Gewölbekeller.

Schloss Wolfsburg
Schloßstraße 8
38448 Wolfsburg
T. 05361 28 10 40
www.wolfsburg.de
Städtische Galerie: Di 13–20 Uhr, Mi–Fr 10–17 Uhr, Sa 13–18 Uhr, So 11–18 Uhr
Anfahrt: Haltestelle Schloss mit dem Auto über die A2, Abfahrt Wolfsburg/Königslutter, A39, dann Hinweisschildern folgen

50 Entdecken Alt-Wolfsburg

Schick frisiert

Das Wolfsburger Stadtmuseum ist in der Remise des Schlosses untergebracht. Schönstes Exponat: der originalgetreu rekonstruierte Friseursalon der 1950er-Jahre und die Videoinstallation über einen „Tag im Leben der Berliner Brücke". Der erste Stock ist dem Schicksal der Zwangsarbeiter des Zweiten Weltkriegs gewidmet. Im Schlosscafé – ebenfalls in der Remise – finden Sie ein Café, in dem auch kleine Konzerte und Lesungen stattfinden.

Stadtmuseum
Schloßstraße 8
38448 Wolfsburg
www.wolfsburg.de
Di–Fr 10–17 Uhr, Sa 13–18 Uhr, So 11–18 Uhr
Anfahrt: siehe Tipp 49

51 Entdecken Alt-Wolfsburg

Die Grünanlagen

Das Schloss Wolfsburg – unendliche Weiten. Besonders hervorzuheben wären noch die Gartenanlagen. Da ist zum Beispiel der Barockgarten (seit 1709) mit seiner symmetrischen Bepflanzung, seinen beschnitten Bäumen und den ornamentalen Rabatten. Dazu gehört auch ein 1912 errichtetes Teehaus. Der eigentliche Schlosspark ist im Stil eines englischen Gartens gestaltet. Geschickt angelegte Sichtachsen bieten immer wieder neue Perspektiven auf das Schloss. Die reizvollen Überreste

der Landesgartenschau 2004 findet man ebenfalls hier: Skulpturen aus spiegelndem Edelstahl. In dieser grandiosen Kulisse kann man hier im Frühjahr und Sommer auch die beliebten Kulturveranstaltungen genießen.

Schlosspark Wolfsburg
Schloßstraße 8
38448 Wolfsburg
www.wolfsburg.de
Anfahrt: siehe Tipp 49

52 Genießen
Alt-Wolfsburg

Der Wolf neben dem Schafstall

Der Wolf ist in der Stadt an der Aller allgegenwärtig. Auch hier diente er als Namensgeber: Alter Wolf heißen das Restaurant und Hotel, die in der ehemaligen Posthalterei und Zollstation untergebracht sind, in direkter Nähe zum Schloss. Hier gibt es deutsche und internationale Gerichte in exzellenter Qualität. Den Abend kann man dann in der angeschlossenen Bar „Schafstall" ausklingen lassen.

Centro Hotel Alter Wolf
Schloßstraße 21
38448 Wolfsburg
T. 05361 865 60
www.centro-hotels.de
Anfahrt: siehe Tipp 49

53 Entdecken
Kästorf

Bock auf Mühlen?

Mühlen gibt es viele im Braunschweiger Land. Eine, die Sie unbedingt besichtigen sollten, steht im Wolfsburger Vorort Kästorf.

Bockwindmühle Kästorf
Pfadfinderweg
38448 Wolfsburg
Besichtigung nach Voranmeldung unter
T. 05361 89 99 30
Mo–Sa 9–18 Uhr, So 10–15 Uhr
Anfahrt: Haltestelle Wolfsburg An der Mühle

54 Entdecken
Nordstadt

Beängstigend

476 Gräber sind auf diesem Friedhof zu finden. Dass es überhaupt Gräber gibt, ist der sowjetischen Militäradministration zu verdanken, die nach dem Zweiten Weltkrieg die Umgestaltung der Massengräber in einen Friedhof mit Grabsteinen befohlen hatte. Bereits 1947 wurde auch das Ehrenmal für die sowjetischen Kriegsgefangenen errichtet. Erst 1970/71 folgte eine Gedenktafel für die anderen Opfer der nationalsozialistischen Gewaltherrschaft.

Gedenkstätte für die Opfer der nationalsozialistischen Gewaltherrschaft
Lydia-Stowbun-Weg
38448 Wolfsburg
frei zugänglich
Anfahrt: Haltestelle Werderstraße

55 Entdecken
Tiergartenbreite

Der Friedhof

Der vielleicht schönste Friedhof in der Region.

Waldfriedhof
Werderstraße 12
38448 Wolfsburg
T. 05361 28 11 10
www.wolfsburg.de
Anfahrt: Haltestelle Werderstraße

56 **Entdecken**
Detmerode

Für Kirchgänger

Ein weiterer Bau Alvar Aaltos ist im Stadtteil Detmerode zu finden: die Stephanuskirche.

Stephanuskirche
Detmeroder Markt 6
38444 Wolfsburg
T. 05361 714 43
www.stephanus-wolfsburg.de
Anfahrt: Haltestelle Detmeroder Markt

57 **Genießen**
Mörse

Das Café

Das Café Schrill lockt mit urigem und rustikalem Ambiente, leckeren Gerichten, verschiedenen Bieren und freundlicher Bedienung.

Café Schrill
Hattorfer Straße 23
38442 Wolfsburg
T. 05361 715 25
tgl. 18–0 Uhr
Anfahrt: Haltestelle Wolfsburg-Mörse

58 **Genießen**
Mörse

Die Genusshochburg

Ob Frühstück, Kaffeeklatsch oder abendliches Weintrinken – hier stimmt alles. Auch die Tapas sind ausgesprochen lecker!

BO'CA meets Wine
Im Dorfe 13
38442 Wolfsburg
T. 05361 272 81 92
www.bo-ca.de
Mi, So 9–18 Uhr, Do–Sa 9–22 Uhr
Anfahrt: siehe Tipp 56

59 Entdecken
Sülfeld

Das Vogelschutzgebiet

Seeadler, Rothalstaucher, Löffelenten. Auch das ist Wolfsburg – beziehungsweise die Umgebung von Wolfsburg. Zwischen Fallersleben und Calberlah gelegen, kommt man hier dank mehrerer Beobachtungsplattformen den Tieren – neben Wasservögeln gibt's hier auch Heckrinder zu entdecken – ganz nah.

Naturschutzgebiet Ilkerbruch
38442 Wolfsburg
www.nlwkn.niedersachsen.de
Anfahrt: von der A39 auf die K114 Richtung Gifhorn (Abfahrt Wolfsburg-Sandkamp), die Beobachtungshütte Ilkerbruch finden Sie auf der linken Straßenseite

60 Entdecken
Sülfeld

Für Schleuser

Für den kleinen Ausflug zwischendurch. Diese begehbare Schleuse bietet zwei Hebewerke, die in ständigem Betrieb sind – und das Ganze in schöner Umgebung, die zu ausgedehnten Spaziergängen einlädt.

Schleuse Sülfeld
Schleusensiedlung 52
38442 Wolfsburg
T. 05362 96 11 21 50
Anfahrt: über die L292 zwischen Fallersleben und Calberlah

61 Entdecken
Rabenberg

Die Quelle

Hier kann man leckeres kalkarmes Wasser kosten. Toll!

Rotheburg-Quelle
Burgwall
38444 Wolfsburg
Anfahrt: Haltestelle Rabenberg Burgwall

62 Entdecken
Fallersleben

Auf alle Fälle Fallersleben

Wolfsburg ist eine junge Stadt, hat aber Stadtteile, die deutlich älter sind als die City. Zum Beispiel Fallersleben. Der Ortskern mit der Michaeliskirche, dem Schloss, der Altstadt, dem Löschteich und dem Park, der früher zum Teil als Friedhof diente, ist auf jeden Fall äußerst sehenswert. Nicht zu vergessen der schöne große Biosupermarkt, der in einer ehemaligen Scheune untergebracht ist.

Altstadt Fallersleben
Schloßplatz
38442 Wolfsburg
Anfahrt: Haltestelle Altes Brauhaus

63 Entdecken Fallersleben

Musealer Geheimtipp!
„Alle Vögel sind schon da", „Der Kuckuck und der Esel", „Ein Männlein steht im Walde", „Kuckuck, Kuckuck, ruft's aus dem Wald", „Morgen kommt der Weihnachtsmann", „Summ, summ, summ – Bienchen summ herum" – mehr als 550 Kinderlieder schrieb August Heinrich Hoffmann. Wer? Na, Hoffmann von Fallersleben, der auch die deutsche Nationalhymne, „Das Lied der Deutschen", verfasste. Er wurde 1798 in Fallersleben geboren und fügte seinem Nachnamen die Bezeichnung „von Fallersleben" an, um nicht mit anderen Hoffmännern verwechselt zu werden. Der Hochschullehrer, Dichter und Herausgeber ist noch heute in aller Munde. Oder zumindest seine Lieder. In Fallersleben ist dem größten Sohn des Dörfchens ein Museum gewidmet. Zwar nicht in seinem Geburtshaus – dort ist heute das Restaurant „Hoffmannhaus" untergebracht – aber gleich gegenüber, in einem Fachwerk-Schlösschen mit Bruchsteinsockel.

Hoffmann-von-Fallersleben-Museum
Schlossplatz 6
38442 Wolfsburg
T. 05362 526 23
www.wolfsburg.de/hoffmann-museum
Di–Fr 10–17 Uhr, Sa 13–17 Uhr, So 11–17 Uhr
Anfahrt: Haltestelle Altes Brauhaus, Auto A2, am Dreieck Wolfsburg/Königslutter auf die A39, Abfahrt Wolfsburg-Fallersleben, Hinweisschildern folgen

64 Genießen
Fallersleben

Prost Mahlzeit!

Selbstgebrautes Bier – derzeit ein großer Trend. In Wolfsburg hat das hingegen Tradition. Bereits 1765 wurde im Schatten des Fallerslebener Schlosses das Brauhaus gegründet. Und so gibt es hier wirklich einmaliges Bier (sowie gutbürgerliche Küche, um es auch unbeschadet genießen zu können). Das Gebäude des Brauhauses ist übrigens wirklich beeindruckend: Auf dem zweigeschossigen Unterdach thront ein viergeschossiges Dach, das 2008 nach einem Brand im vorhergehenden Jahr sorgfältig wiederaufgebaut wurde.

Altes Brauhaus zu Fallersleben
Am Alten Brauhaus 9
38442 Wolfsburg
T. 05362 3140
www.brauhaus-fallersleben.de
tgl. ab 11 Uhr
Anfahrt: Haltestelle Altes Brauhaus

65 Erleben
Fallersleben

Das Kino

Trotz der vielen neuen Medien gibt es immer noch Kinos – und zwar in jeder Variante: als riesigen Multiplex-Palast und als kleines Programmkino. Das Metropol Theater liegt irgendwo dazwischen. Es zeigt nicht nur cineastische Meisterwerke, sondern ganz normale Filme für die ganze Familie. Aber es hat mehr Charme als die gesichtslosen Großkinos der Neuzeit. Noch immer erleuchten die acht Lampen mit ihren Glaslamellen den Saal.

Die Anfänge des Kinos gehen auf das Jahr 1921 zurück, als ein gewisser Hermann Knape begann, im Gasthaus Goldener Stern in Fallersleben Filme zu zeigen. 1934 konnte er dann schon sein erstes eigenes Kino eröffnen. 1955 musste er sogar an den jetzigen Standort umziehen – das alte Lichtspielhaus war zu klein geworden. Und heute? Da führen seine Enkeltöchter das Haus in der dritten Generation – aller Konkurrenz zum Trotz. Und auch wenn es zwischenzeitlich verkleinert werden musste, weil doch nicht mehr ganz so viele Menschen ins Kino strömen wie in den 1950er-Jahren, als „Die Deutschmeisterin" mit Romy Schneider als erster Film überhaupt im Metropol Theater lief... Hoffen wir, dass es noch lange bestehen wird!

Metropol Theater
Bahnhofstraße 33
38442 Wolfsburg
T. 05362 2236
www.metropol-fallersleben.de
Anfahrt: Haltestelle Bahnhofstraße

66 Erleben
Fallersleben

Glück und Schwefel

Im Jahr 1911 wurde bei einer Brunnenbohrung in Fallersleben eine schwefelhaltige Quelle entdeckt. Seit 1925 gibt es hier nun zum Wohle der Menschen ein Bade- und Therapiezentrum in einer schönen Parkanlage.

Schwefelbad Fallersleben
Am Schwefelbad 12
38442 Wolfsburg
T. 05362 3911
www.klinikum.wolfsburg.de/ueber-uns/schwefelbad-fallersleben
Mo, Fr 8.30–17.30 Uhr, Di–Do 8.30–22 Uhr, Sa 8.30–17.45 Uhr
Anfahrt: Haltestelle Schwefelbad

67 Genießen
Fallersleben

Exzellent essen und trinken

Wolfsburg ist die lokale Hochburg der gehobenen Küche. Was in dem mit einem Michelin-Stern ausgezeichneten Restaurant La Fontaine jeden Tag aufs Neue unter Beweis gestellt wird. Unter anderem auch mit einer erlesenen Weinkarte.

La Fontaine
Gifhorner Straße 25
38442 Wolfsburg
www.ludwig-im-park.de
T. 05362 9400
Di–Sa 18–22 Uhr
Anfahrt: Haltestelle Schwefelbad

68 Erleben
Fallersleben

Das Freibad
Schönes Freibad mit Rutsche, Fünfmeterturm, FKK-Bereich und Matschspielplatz!
Freibad Fallersleben
Schwimmbad 5
38442 Wolfsburg
T. 05362 4529
www.wolfsburg.de/leben/sport/badespass
Mo–Fr 6–20 Uhr, Sa–So 8–20 Uhr
Anfahrt: Haltestellen Fallersleben Schulzentrum und Glockenberg

69 Erleben
Fallersleben

Der Spielplatz
Ihr Kind daddelt nur mit dem Handy oder mit der Spielekonsole? Dann ab mit Ihnen auf diesen Abenteuerspielplatz!
Aktivspielplatz Fallersleben
Walter-Kollo-Straße 15
38442 Wolfsburg
T. 05362 521 50
Mo–Do 7.30–16.30 Uhr
Anfahrt: Haltestelle Altes Brauhaus

70 Genießen
Fallersleben

Weißer Wein, schwarze Oliven
In der Region Braunschweig-Wolfsburg versteht man es, das Leben zu genießen! Ein Beweis dafür ist die Vineria und Bruschetteria L'Oliva Nera in Fallersleben, die mit ausgewählte Weinen, Grappen und weiteren italienischen Spezialitäten (frisch zubereitet selbstredend) lockt!
L'Oliva Nera
Westerstraße 1
38442 Wolfsburg
T. 05362 93 26 22
www.olivanera.de
Di, Sa–So 18–23 Uhr, Mi–Fr 11.30–14 Uhr und 18–23 Uhr
Anfahrt: Haltestelle Fallersleben Franz-Liszt-Straße

71 Erleben
Fallersleben

Musik und mehr – mehr als Musik

Einmal im Jahr mutiert die Fallersleber Altstadt zu eine großen Partymeile mit Live-Musik und DJs sowie jede Menge Ständen, an denen man sich Gutes tun kann.

Altstadtfest Fallersleben
38442 Wolfsburg
Anfahrt: Haltestelle Altes Brauhaus

72 Entdecken
Neuhaus

Eine feste Burg

Die Burg Neuhaus lockt mit einem Mauerring mit mehreren Türmen, einer Brücke zum Burgtor und einem Burgfried sowie einer Dauerausstellung über die Geschichte der Burg und des Ortes Neuhaus. Und mit mehreren Künstlerateliers!

Burg Neuhaus
Burgallee 2
38446 Wolfsburg
T. 05365 94 39 44
www.burg-neuhaus.de
Anfahrt: Haltestelle Wolfsburg-Neuhaus Burg

73 Genießen
Neuhaus

Für Gourmets

Saphir – ein Restaurant, das so heißt, hat sich viel vorgenommen. In einem luxuriösen Ambiente gibt es hier exzellente Speisen und Getränke!

Saphir
An der Wasserburg 2
38446 Wolfsburg
T. 05363 9400
www.an-der-wasserburg.de/restaurants/gourmet-rest-saphir.html
Di–Sa 18–0 Uhr
Anfahrt: Haltestelle Wolfsburg-Neuhaus Burg

74 Genießen
Brackstedt

Family Values

Tradition wird in diesem gemütlichen Familienbetrieb großgeschrieben! Die Küche ist rustikal und regional mit exotischen Einsprengseln. Das Ganze natürlich in anständigen Portionen. Und in der Bierdiele nebenan kann man gleich nachspülen!

Brackstedter Mühle
Zum Kühlen Grunde 2
38448 Wolfsburg
(zwischen Jemke und Brackstedt)
T. 05366 900
www.brackstedter-muehle.de
tgl. 12–14 Uhr und 18–22 Uhr

75 Erleben
Reislingen

Großes Theater

Das leidenschaftlich und liebevoll betriebene HolzBankTheater bietet die drei Ks: Komödien, Klassiker und Kinderprogramm. Das alles natürlich im kleinen Rahmen im Wolfsburger Stadtteil Reislingen.

HolzBankTheater
Hauptstraße 41
38446 Wolfsburg
T. 05363 4865
www.holzbanktheater.com
Anfahrt: Haltestelle Wolfsburg Korntweete

76 Erleben
In und um Wolfsburg

Ein bewegendes Festival

Tanztheater, Ballettaufführungen, Workshops, Konzerte, (szenische) Lesungen, Filmvorführungen, Matineen und Soireen – das Movimentos-Festival in Wolfsburg ist die Veranstaltung in der Region für alles, was mit künstlerischem Tanz zu tun hat. Die Künstler kommen aus aller Welt. Die Festwochen stehen jedes Jahr unter einem anderen Motto: etwa „Liebe", „Toleranz", „Freiheit" oder „Glück".Der Hauptort ist die Autostadt, doch

viele Veranstaltungen finden auch woanders statt, zum Beispiel im Scharoun Theater, in der St.-Bernward-Kirche und sogar im Staatstheater in Braunschweig. Jährlich im Frühjahr.

Movimentos
Autostadt und andere Orte
www.movimentos.de

Peine

1 **Entdecken**
Peine

In der Mitte der Stadt

Im Herzen von Peine, am Marktplatz (in dessen Mitte ein Brunnen plätschert, wie es sich für einen anständigen Marktplatz gehört), finden Sie den Burgpark Peine. Er umfasst stolze 6000 Quadratmeter. Reste der früheren Befestigungsanlagen, darunter der Burggraben, Brückenbogen und die Kasematten, warten darauf, von Ihnen entdeckt zu werden. Im Sommer bietet er die perfekte Kulisse für die beliebten Freiluftfeste.

Marktplatz
31224 Peine
Anfahrt: Haltestelle Peine Markststraße

2 **Erleben**
Peine

Für Nachteulen

Eulenmarkt heißt das Peiner Stadtfest. Alljährlich am zweiten Wochenende im September bieten fast 30 Bands zwischen Rock, Pop und Schlager auf mehreren Bühnen zwischen Marktplatz und Bahnhofstraße ein abwechslungsreiches Programm. Dazu gibt es jede Menge Stände mit kulinarischen Genüssen und Schnickschnack. Und der regionale Einzelhandel lockt mit einem verkaufsoffenen Sonntag.

Eulenmarkt
31224 Peine
www.peinemarketing.com/de/veranstaltungen/meldungen/Peiner-Eulenmarkt.php
Anfahrt: Zu Fuß vom Bahnhof

3 **Erleben**
Peine

Schützenfest und Feuerwerk

Schützenfeste gehören in Niedersachsen seit Jahrhunderten zu den wichtigsten gesellschaftlichen Ereignissen. So auch in Peine. Hier heißt es allerdings „Freischießen“, weil man sich von den bürgerlichen Pflichten (also Steuerzahlungen!) „freischießen“ konnte. Wann es das erste Mal stattfand, ist unbekannt, da durch den großen Stadtbrand 1557 die Unterlagen, die Auskunft geben könnten, verloren gegangen sind. Vermutlich wurde es jedoch im 13. Jahrhundert zum ersten Mal veranstaltet. Eröffnet wird es mit einem Großfeuerwerk, gefeiert wird auf dem Schützenplatz. Auch ein großer Festumzug darf natürlich nicht fehlen.

Peiner Freischießen
Soetebeerweg 6
31228 Peine
T. 05171 133 35
www.peiner-freischiessen.net
Anfahrt: Zu Fuß vom Bahnhof

4 **Genießen**
Peine

Das ist ja wohl das absolute Härke!

Das Härke-Bier ist so lecker-herbe wie eh und je, das Ambiente urig und die Küche deftig. Was will man mehr?

Härke Brauereiausschank
Gröpern 5–6
31224 Peine
T. 05171 6306
www.haerke-ausschank.de
Mo–Sa ab 11 Uhr
Anfahrt: Zu Fuß vom Bahnhof

5 **Genießen**
Peine

Stylisch

Hip hip Hurra! Das Cyrano ist ein lauschig-loungiges Café-Restaurant. Unbedingt zu empfehlen!

Restaurant Cyrano
Kantstraße 12
31224 Peine
T. 05171 780 02 04
www.restaurant-cyrano.de
tgl. 11.30–14.30 Uhr und 17.30–23 Uhr
Anfahrt: Zu Fuß vom Bahnhof

6 Entdecken
Peine

Im Tante-Emma-Laden

Das Highlight des Museums ist der Stederdorfer Konsum-Laden aus den 1920er-Jahren. Ansonsten sind neben vielen Exponaten Peiner Alltagsgeschichte wertvolle und wunderschöne Goldschmiedearbeiten zu sehen.

Kreismuseum Peine
Stederdorfer Straße 17
31224 Peine
T. 05171 401 34 08
www.kreismuseum-peine.de
Di–So 11–17 Uhr
Anfahrt: Haltestelle Peine Marktstraße

7 Entdecken
Peine

In Erinnerung

Die neue Peiner Synagoge in der Bodenstedtstraße war mit ihrer interessanten Mischung aus Jugendstil und orientalischer Ornamentik Ausdruck des im 19. Jahrhundert gewonnen jüdischen Selbstbewusstseins. In der Reichspogromnacht 1938 ging das Gebäude jedoch in Flammen auf. Der Jugendliche Hans Marburger wurde während der Ausschreitungen ermordet. Heute befindet sich an dieser Stelle ein Denkmal. Und die Straße wurde in Hans-Marburger-Straße umbenannt.

Gedenkort für die neue Synagoge
Hans-Marburger-Straße/Goethestraße
31224 Peine
frei zugänglich
Anfahrt: Haltestelle Peine Bodenstedt-Schule

8 Genießen
Peine

Für Gauchos

Steaks, Steaks, Steaks. Lecker vom Holzkohlengrill. Wer kann dazu schon nein sagen? Zudem das Preis-Leistungs-Verhältnis absolut zu überzeugen weiß.

Steak- und Grillhaus Argentina
Werderstraße 33
31224 Peine
T. 05171 29 77 77
www.argentina-steakhaus-peine.de
tgl. 11.30–14.30 Uhr und 17–22.30 Uhr
Anfahrt: Haltestelle Peine Marktstraße

9 Genießen
Peine

Schön, schöner, Schönau

Oben (im Viersternerestaurant) gehoben, unten (im Zig-Gläser-Bierkeller) rustikal. Hier geht niemand hungrig oder durstig raus!

Hotel & Restaurant Schönau
Peiner Straße 17
31228 Peine
T. 05171 9980
www.hotel-schoenau.de
Anfahrt: Haltestelle Stederdorf Konsumstraße

10 Entdecken
Peine-Telgte

Der jüdische Friedhof

Elf Grabsteine, mehrere Kissensteingräber, ein Denkmal für die jüdischen Gefallenen des Ersten Weltkriegs und eine Tafel für die Opfer des Nationalsozialismus sind auf dem jüdischen Friedhof in dem kleinen Vorort zu betrachten.

Jüdischer Friedhof
An der Laubenkolonie
31228 Peine-Telgte
Besichtigung nach Voranmeldung: T. 05171 40 28 10
Anfahrt: Haltestelle Telgte Laubenkolonie

11 Entdecken
Peine

Schokolade macht glücklich

Deutschland ist ein Schokoladenparadies. Zumindest dem jährlichen Pro-Kopf-Verbrauch nach zu urteilen. Der liegt nämlich bei gut zehn Kilo. Schokolade – was wären wir also ohne sie? Wahrscheinlich schlanker, aber andererseits handelt es sich dabei eben auch um ein Genussmittel, auf dass wir sicherlich nicht verzichten wollen. Seit mehr als 3000 Jahren wissen die Menschen in Mittelamerika die Kakaobohnen zu schätzen. Über die Azteken und die Spanier kam „xocolatl“ endlich auch nach Europa, doch erst im 19. Jahrhundert entstanden in Deutschland die ersten Schokoladenfabriken. Auch die Firma Rausch geht auf diese Zeit zurück, nämlich auf eine 1890 gegründete Konditorei im rheinländischen Velbert. Im Rausch SchokoLand erfahren Sie einiges über die Geschichte der Schokolade und über ihre Produktion. Besonders hübsch sind die ausgestellten Plakate, Werbeschilder und Verpackungen. Unter fachkundiger Anleitung können Sie sogar selbst Schokolade herstellen! Auch der Fabrikverkauf erfreut sich größter Beliebtheit, nicht nur bei Kindern, auch Erwachsene greifen hier gerne zu.

Rausch SchokoLand
Wilhelm-Rausch-Straße 4
31228 Peine
T. 05171 99 01 64 44
www.schokoladenfabrik.de
Mo–Fr 10–18 Uhr, Sa 10–16,
So 12–17 Uhr
Anfahrt: Haltestelle Hesebergweg, mit dem Auto über die A2, Ausfahrt West oder Ost, Ausschilderung folgen

12 **Erleben**
Peine-Eixe

Badespaß

Der 16 Hektar große Eixer See war mal eine Kiesgrube. Nun ist er ein wunderbares Naherholungsgebiet mit Sandstrand, Spielplatz, Volleyballfeld und dem „Eixer Haus am See".

Eixer See
Sundernweg 41
31228 Peine-Eixe
www.seen.de/eixer-see
Anfahrt: in Eixe über den Sundernweg bis zum Parkplatz Eixer See

13 Genießen
Edemissen

Der Italiener

Kolossal gutes Essen. Italienisch, natürlich. Also Pasta, Pizza, Antipasti und Insalata zu soliden Preisen.

Il Colosseo
Wöhrbergweg 1
31234 Edemissen
T. 05176 92 25 30
Di–So 12–14.30 Uhr und 18–22 Uhr
Anfahrt: Haltestelle Edemissen Rathaus

14 Entdecken
Ilsede

Friede der Hütte

Ilsede – die größten Sehenswürdigkeiten der kleinen Gemeinde bei Peine sind der Auflandeteich Groß-Bülten-Adenstedt und der Bismarckturm Oberg. Die wichtigsten gesellschaftlichen Ereignisse: der Lafferder Markt, der jedes Jahr am letzten Mittwoch des Septembers stattfindet und das alljährliche Volksfest Groß Lafferde – (jeweils am zweiten Wochenende im Juli). Nicht zu vergessen die Schützenfeste in Groß Ilsede und Ölsburg sowie das Ilseder Weinfest. Darüberhinaus gab es in Ilsede seit Mitte des 19. Jahrhunderts ein Hüttenwerk, die „Bergbau- und Hüttengesellschaft zu Peine“. Bis Ende der 1970er-Jahre wurde hier Erz abgebaut. Erst 1983 war endgültig Schluss, nachdem der Hochofenbetrieb eingestellt wurde. Heute befindet sich an derselben Stelle der Gewerbepark Ilseder Hütte mit seinem Künstlerhaus, dem Hüttenbistro, einem Skulpturenpark und einer Discgolfanlage. Am schönsten sind die Gebläsehalle und die Umformerstation, die für kulturelle Veranstaltungen genutzt werden.

Ilseder Hütte
31241 Ilsede
Anfahrt: mit dem Bus bis Haltestelle Groß Ilsede ZOB
Anfahrt: mit dem Auto über die B1, B444 Richtung Ilsede, in Ilsede Hinweisschildern folgen

15 Genießen
Lahstedt

Das Ausflugslokal

Was tun nach einem Ausflug? Natürlich im Waldgasthaus Odinshain einkehren, bei Bier und Wein sowie Waffeln und Fleischgerichten.

Waldgasthaus Odinshain
Am Odinshain 3
31246 Ilsede
T. 05172 6401
www.waldgasthaus-odinshain.de
Mi–Sa 17.30–open end,
So 11–open end
Anfahrt: Haltestelle Lahstedt-Adenstedt Mühlenfeldstraße

16 Entdecken
Vechelde

Griechische Götter

Der Schlosspark ist gleich hinter dem Bürgerzentrum. Ein prächtiges Portal aus dem 18. Jahrhundert weist den Weg in den barocken Park mit seinen Rondellen und Rosen, mit einem kleinen Gehölz sowie den Skulpturen von Hades, dem griechischen Gott der Unterwelt und der Fruchtbarkeitsgöttin Persephone.

Schlosspark
Hildesheimer Straße 100
38159 Vechelde
frei zugänglich
Anfahrt: Haltestelle Vechelde Bürgerzentrum

17 Genießen
Vechelde

Im Ideenreich

Hier wird deutsche Küche neu gedacht: Ob Königsberger Klopse oder Rinderbraten im Speckmantel, ob Gänsebrust oder Hirschragout – alles bekannt und doch ein bisschen anders. Besonders empfehlenswert sind die Thementage und das preisgünstige Mittagsbuffet.

Benters Schlemmerdeel
Hildesheimer Straße 92
38159 Vechelde
T. 05302 6033
www.benters-schlemmerdeel.de
Mi–Sa 17–23 Uhr, So 12–20 Uhr
Anfahrt: siehe Tipp 16

18 Genießen
Vechelde

Mit Stil und Liebe

So soll es sein: regional und saisonal, biologisch und hausgemacht. Dem entzückenden Café in Klein Gleidingen ist ein wirklich schickes Hoflädchen angeschlossen. Die Inhaberin heißt Corinna Klein – daher der Name.

Das Klein(e) Café und Hoflädchen Vechelde
Am Berge 15
38159 Vechelde
T. 05302 1876
www.das-kleine-hofcafe.de
tgl. 10–18 Uhr
Anfahrt: Haltestelle Klein Gleidingen

19 Genießen
Vechelde

Einkaufen mit Genuss

Und noch ein wunderbarer Hofladen am Rande von Vechelde. Angeboten werden Lebensmittel aus eigener Produktion, aber auch Wurst aus Wehnsen, Brot aus Wolfenbüttel und Kaffee aus Braunschweig.

Hofladen Wiedemann zur Alten Mühle Vechelde
Breite Straße 1
38159 Vechelde
T. 05302 930 48 73
www.hof-wiedemann.de
Mo–Fr 8–18 Uhr, Sa 8–13 Uhr
Anfahrt: Haltestelle Bettmar Abzw. Liedingen

20 Entdecken
Wendeburg

Gestrandet

Marina ist ein hübscher Sportboot- und Yachthafen an der Mündung des Stichkanals in den Mittellandkanal. In der Gaststätte mit dem schönen Namen „Havarie" erwarten Sie Störtebeker Biere, kleine feine Tagesgerichte und ein außergewöhnliches Ambiente.

Marina Bortfeld
Marina Bortfeld 6
38176 Wendeburg
www.marina-bortfeld.de
Anfahrt: Haltestelle Bortfeld Marina

21 Genießen
Wendeburg

Gegen Hunger und Durst

Gediegenes Ambiente, gutbürgerliche Küche, frisch gezapftes Bier – was braucht man mehr nach einem Ausflug?

Wendezeller Stuben
Braunschweiger Straße 35
38176 Wendeburg
T. 05303 3131
www.wendezeller-stuben.de
Mo, Mi–Fr ab 17 Uhr, Sa–So ab 11 Uhr
Anfahrt: Haltestelle Wendezeller Ring

22 Entdecken
Wendeburg-Meerdorf

Ein Traum ist wahr geworden

Auf dem ehemaligen Heuboden eines Fachwerkhauses gibt es in intimer Atmosphäre (60 Sitzplätze) Kabarett und Kleinkunst sowie Kinder-, Laien- und Musiktheater! Toll!

Teatr dach
Woltorfer Straße 16
38176 Wendeburg
T. 05171 140 16
www.teatr-dach.de
Anfahrt: Haltestelle Meerdorf Feuerwehr

23 Entdecken
Vechelde-Bodenstedt

Zurück in die Vergangenheit

Ein Bauernhof mit Gaststätte, Kegelbahn und Festsaal – der Besuch der ZeitRäume Bodenstedt ist ein Trip in die jüngste Vergangenheit. Politische und kulturhistorische Hintergründe inklusive.

ZeitRäume Bodenstedt
Hauptstraße 10
38159 Bodenstedt
T. 05302 8020
www.vecheld.de/zeitraeume-bodenstedt
Sa 14–17 Uhr, So 11–17 Uhr, Mo–Fr nach vorheriger Absprach für Gruppen
Anfahrt: Haltestelle Bodenstedt Godehardistraße

24 Genießen
Wedtlenstedt

Für Seebären und Landratten

Das Restaurant Am Yachthafen ist maritim dekoriert und selbstverständlich gibt es auch viele Fischgerichte. Aber auch Vegetarier und Carnivoren kommen voll auf ihre Kosten.

Restaurant Am Yachthafen
Am Heidanger 1
38159 Vechelde
T. 05302 6400
www.restaurant-heidanger.de
Mi–Sa 15–21.30 Uhr,
So 11.30–17.30 Uhr
Anfahrt: an der L475 zwischen Bortfeld und Vechelade

25 Entdecken
Lengede

Die Tage des Wunders

Das Grubenunglück und die Rettung von elf Bergleuten, bekannt als das „Wunder von Lengede“, ist ein Ereignis, dessen im Rathaus mit einer Dauerausstellung gedacht wird. Inklusive Originalgegenständen, Film- und Rundfunkaufnahmen, Fotos und Zeitungsberichten.

Rathaus Lengede
Vallstedter Weg 1
38268 Lengede
T. 05344 890
www.lengede.de
Mo–Mi 8–16 Uhr, Do 8–18 Uhr,
Fr 8–12 Uhr
Anfahrt: Haltestelle Lengede Bodenstedter Weg

Salzgitter

Lebenstedt
Watenstedt
Lichtenberg
Salder
Ringelheim
Gebhardshagen
Bad
Hallendorf
Osterlinde
Baddeckenstedt

1 Erleben
Lebenstedt

Bereit zum (K)Entern!

Der Salzgittersee darf mit seinen 75 ha Größe (Länge 2,1 Kilometer und Breite 0,8 Kilometer) mit Fug und Recht als das regionale Wassersportzentrum angesehen werden. Surfen, Tauchen, Schwimmen – hier ist fast alles möglich! Highlights sind die Wasserskiseilbahn, die Eishalle, der Discgolfparcours und vor allem für Familien der Piratenspielplatz. Den Abend kann man dann im Restaurant Seeterrasse am Ostufer (direkt neben dem Yachthafen) ausklingen lassen – mit Blick auf den Sonnenuntergang. Weitere Einkehrmöglichkeiten sind das Café del Lago und das Viersternerestaurant Shiraz & Schänke (Hotel am See).

Salzgittersee
Zum Salzgittersee
38226 Salzgitter
www.salzgitter.de
Anfahrt: Haltestelle Salzgitter-Lebenstedt Hallenbad

2 Erleben
Lebenstedt

Keine eisige Atmosphäre

Eine echte Attraktion ist die Eishalle am Salzgittersee. Mit ihren 1800 Quadratmetern Eisfläche bietet sie von Oktober bis April viel Platz für Eislaufen, Eislaufdisco, Eislaufshows sowie Eiskunstlauf und Eishockey-Veranstaltungen. Auf den Tribünen finden bis zu 2300 Zuschauerinnen und Zuschauer Platz. Ach ja: Auch das beliebte Eisstockschießen will ich an dieser Stelle nicht vergessen. Und sogar im Sommer wird die Halle für verschiedene kulturelle Veranstaltungen und Messen genutzt.

Eissporthalle am Salzgittersee
Humboldtallee 50
38228 Salzgitter
T. 05341 839 38 60
Mi–Fr 9–12 Uhr und 15–17 Uhr, Sa 12–17 Uhr und 20–22 Uhr, So 11–17 Uhr
Anfahrt: Haltestelle Fredenberg Eissporthalle

3 Genießen
Lebenstedt

Schöne Aussichten

Die mediterranen Gerichte sind lecker, die Cocktails sind es auch. Der Ausblick auf die Dächer von Lebenstedt und auf den See ist jedoch grandios!

Etage 15 Restaurant & Cocktailbar
Riesentrapp 8
38226 Salzgitter
T. 05341 939 42 42
www.etage15.de
So, Di–Do 17–0 Uhr, Fr–Sa 17–2.30 Uhr
Anfahrt: Haltestelle Salzgitter-Lebenstedt Wilhelm-Kunze-Ring

4 **Entdecken**
Lebenstedt

Turmbau zu Salzgitter
Schon um Christi Geburt bauten die alten Germanen das Erz ab, das in der Region Salzgitter lagerte. 1310 wurde Lebenstedt erstmals schriftlich erwähnt. So verwundert es vielleicht nicht, dass die Stadt bis heute ein wichtiger Industriestandort ist – und dass sich das inoffizielle Wahrzeichen der Stadt folgerichtig dem Arbeitsleben und auch dessen dunklen Seiten widmet. Salzgitter wurde nämlich 1937 Standort von Teilen der Reichswerke AG für Erzabbau und Eisenhütten „Hermann Göring". Zwangsarbeiter aus Salzgitter-Bad, Salzgitter-Drütte und Salzgitter-Watenstedt mussten hier für die Kriegsmaschinerie der Nazis schuften. Der beeindruckende „Turm der Arbeit" ist in der Fußgängerzone von Salzgitter-Lebenstedt zu finden, dem größten der 31 Stadtteile. Das 1996 nach sechs Jahren Arbeit fertiggestellte Werk des Bildhauers Jürgen Weber erinnert an die Gründung der Großstadt Salzgitter 1942 und ist fast 14 Meter hoch sowie 36,5 Tonnen schwer. Die vier Reliefs widmen sich den Themen „Arbeit unter Tage", „Eintreibung von Arbeitern", „Sabotage" und „Karitas".

Turm der Arbeit
In den Blumentriften
38226 Salzgitter
Anfahrt: Haltestelle Salzgitter-Lebenstedt Rathaus

5 Genießen
Lebenstedt

Bier in der Sonne

Das Wirtshaus bietet gutbürgerliche Küche sowie einen schönen Biergarten und eine noch schönere Gartenterrasse.

Das Wirtshaus
Chemnitzer Straße 8
38226 Salzgitter
T. 05341 941 09 09
www.das-wirtshaus.info
Mo–Do 11.30–22.30 Uhr, Fr–Sa 11.30–23 Uhr, So 11.30–22 Uhr
Anfahrt: siehe Tipp 4

6 Entdecken
Lebenstedt

Erschütternd

Hier wird der Menschen gedacht, die in den vielen Konzentrationslagern der Region zu Tode kamen.

Gedenkstätte Friedhof Jammertal
Ecke Peine Straße/Kanalstraße
38229 Salzgitter
Anfahrt: Haltestelle Salzgitter-Lebenstedt Abz. Neißestraße

7 **Entdecken**
Watenstedt

Erinnerung und Mahnung

Wie die Konzentrationslager in die nationalsozialistische Wirtschaft eingebunden wurden, erfährt man in der KZ-Gedenkstätte Drütte, die sich auf dem Gelände der Salzgitter-AG befindet, die wiederum aus den Reichswerken „Hermann Göring" hervorgegangen ist. Auf dem benachbarten Appellplatz haben Auszubildende des Betriebs das Denkmal „Hingeschaut" errichtet.

Gedenk- und Dokumentationsstätte KZ Drütte

Eisenhüttenstraße, Tor 1,
Salzgitter AG
38239 Salzgitter
T. 05341 44 581
www.gedenkstaette-salzgitter.de
Zweiter Sa im Monat 15–17 Uhr oder nach Voranmeldung
Anfahrt: zu Fuß vom Bahnhof Salzgitter-Watenstedt

8 Erleben
Watenstedt

Tiefpunkt

1933 wurde bei Gifhorn ein Erzlager errichtet, das sich bis Salzgitter zog. Ab Anfang der 1960er- und 70er-Jahre wurden durch die Schächte Konrad I und II bis 1976 6,7 Millionen Tonnen Eisenerz abgebaut. Das Bergwerk zwischen Sauingen und Bleckenstedt ist nunmehr stillgelegt und soll zu einem Endlager für radioaktive Abfälle umgebaut werden. Das weithin sichtbare Fördergerüst von Schacht Konrad I steht übrigens unter Denkmalschutz und gilt als eines der wichtigsten Industriedenkmäler der Region. Eine besondere Attraktion ist eine Schachtfahrt in Grubenkleidung an den tiefsten Punkt in der Region, der von Menschen erreichbar ist.

Schacht Konrad
38239 Salzgitter
www.endlager-konrad.de
Anfahrt: mit dem Auto über die A39 bis Abfahrt Lebenstedt-Nord, links auf Industriestraße Nord, rechts auf Walzwerkstraße

9 Entdecken
Watenstedt

Vom Anfang bis zum Ende

Bei einer Hüttenwerksbesichtigung erfahren Sie alles über die Stahlherstellung, beginnend bei der Erzeugung des Roheisens bis zur Herstellung der fertigen Produkte.

Hüttenwerksbesichtigung in der Salzgitter AG
Eisenhüttenstraße 99
38239 Salzgitter
T. 05341 900 99 40
www.salzgitter.de
Zweiter Sa im Monat, Besichtigung nur nach Voranmeldung
Anfahrt: Zu Fuß vom Bahnhof Salzgitter-Watenstedt

10 Entdecken Lichtenberg

Mit Weitblick

Heinrich der Löwe – kein anderer Braunschweiger Herrscher hat die Region so geprägt wie er. Seine Herrschaftszeit war von großen Erfolgen geprägt: Er wurde zum Herzog von Bayern ernannt und konnte auch in Norddeutschland seine Machtposition deutlich ausbauen. Unterstützt wurde er hierbei von seinem Vetter Friedrich Barbarossa aus dem Herrschaftshaus der Staufer. Im Gegenzug leistete er Hilfsdienste bei dessen Italienpolitik. Als es darüber zum Zerwürfnis kam, begann jedoch sein Stern zu sinken. Es kam zu kriegerischen Auseinandersetzungen mit seinem Cousin. Auch die Burg Lichtenberg ist Ausdruck dieses Konflikts. Nur wenige Jahre nach ihrem Bau ging sie schon 1180 nach kurzer Belagerung an seinen Konkurrenten verloren. In den folgenden Jahrhunderten diente sie Raubrittern als Domizil, wurde nach ihrer Zerstörung im 16. Jahrhundert als Steinbruch missbraucht und fiel schließlich dem Vergessen anheim. Heute

ist sie mitsamt ihrer Aussichtsplattform und der Dauerausstellung im nicht ganz originalgetreuen Bergfried ein beliebtes Ziel für Wanderer.

Burg Lichtenberg
Burgbergstraße 147
38228 Salzgitter
www.fv-burg-lichtenberg.de
Ganzjährig zugänglich, Schlüssel zum Bergfried gibt es im Waldhotel Burgberg von 12–22 Uhr. Dort kann man nach der Rückkehr aus der Burg natürlich auch hervorragend einkehren.
Anfahrt: mit dem Auto über die A39 bis Ausfahrt Lichtenberg, links abbiegen, auf der Burgstraße bis zu einem großen Parkplatz (auf der linken Seite) oder bis zur Burgberggaststätte fahren

11 **Entdecken**
Salder

Alles im einem

Ein schönes Beispiel für die Weserrenaissance ist das Schloss Salder. Der Eintritt zum Schloss ist kostenlos. Das Museum informiert umfassend über Geologie und Geschichte der Region. Besonders sehenswert ist die Spielzeugsammlung. Ansonsten locken Events wie der Kultursommer, die Schlosskonzerte oder der Adventsmarkt viele Besucher aus der Region an. Das hauseigene Restaurant Schlosshof Salder mit Blick auf Eiszeitgarten und Bockwindmühle ist sehr familienfreundlich und hat auch Vegetariern einiges zu bieten. Auch sehr schön: die Kunsthalle „Kuhstall".

Museum Schloss Salder
Museumstraße 34
38229 Salzgitter
T. 05341 839 46 12
www.salzgitter.de/stadtleben/1kultur/museum/index.php
Di–Sa 10–17 Uhr, So 11–17 Uhr
Anfahrt: Haltestelle Salder Museumstraße

12 Entdecken Ringelheim

Tauben im Park

Das an der Innerste gelegene Schloss Ringelheim geht auf ein ehemaliges Kloster aus dem 10. Jahrhundert zurück, das 1803 säkularisiert wurde. Die ehemaligen Konventsgebäude wurden im 18. Jahrhundert neu gebaut und später zum heutigen Schloss umgestaltet und mit einer klassizistischen Fassade versehen. 2002 wurde das Schloss an einen privaten Investor verkauft. Zumindest der weitläufige Park des Schlosses ist heutzutage öffentlich zugänglich. Und ein Besuch lohnt sich. Besonders sehenswert sind der achteckige Taubenturm im Gutshof und die Klosterkirche mit ihrer Barockorgel.

Schloss Ringelheim
38259 Salzgitter
Anfahrt: zu Fuß vomBahnhof Salzgitter-Ringelheim

13 Erleben
Ringelheim

Eine feste Burg ist unser Gott

Die Orgel ist ein sträflich unterschätztes Instrument. Wer schon einmal wirklich ihre Wucht und Klangkraft erleben durfte, wird dies bestätigen können. Die Orgeltage in der wunderschönen und stimmungsvollen Ringelheimer Klosterkirche bieten ein beeindruckendes Programm. Das Instrument: die jahrhundertealte Kirchenorgel. Eingeweiht wurde sie wahrscheinlich im Jahr 1696.

Klosterkirche St. Abdon und Sennen
Johannesstraße 16
38259 Salzgitter
T. 05341 333 28
Anfahrt: zu Fuß vomBahnhof Salzgitte-Ringelheim

14 Entdecken
Gebhardshagen

Ritter, Krämer und Gaukler

Kann es einen schöneren Ort geben für einen Mittelaltermarkt als eine Wasserburg? Wohl kaum. Und deshalb zählt das sommerliche Spectaculum Gebhardi Hagensis zu den absoluten Highlights in dieser Szene.

Wasserburg Gebhardshagen
Vor der Burg 19c
38229 Salzgitter
T. 05341 876 70 96
www.wasserburg-gebhardshagen.de
Anfahrt: Haltestelle Gebhardshagen Ort

15 Erleben
Bad

Gesundes Baden

Wellenbad, Saunalandschaft und Fitnesscenter– das Thermalsolbad macht Spaß und ist gesund. Im Jahre 1125 wurde die Salzgitteraner Thermal-Sole das erste Mal urkundlich erwähnt. Und ein Ende ist nicht abzusehen.

Thermalsolbad
Parkallee 3
38259 Salzgitter
T. 05341 309 80
www.thermalsolbad.de
Di–Fr 9–21.30 Uhr, Sa–So 8–19.30 Uhr
Anfahrt: Haltestelle Salzgitter-Bad Abzw. Thermalsolbad

16 Entdecken Bad

Erinnerungssteine

Seit Anfang des 19. Jahrhunderts gibt es diesen Friedhof, leider sind jedoch nur noch rund 20 Grabsteine mit hebräischen oder deutschen Inschriften erhalten.

Jüdischer Friedhof
Tillystraße/Hinter dem Salze
38259 Salzgitter
Anfahrt: Haltestelle Salzgitter-Bad Hinter dem Salze

17 Genießen Bad

Gepflegt speisen

Den Ratskeller gibt es schon seit dem 17. Jahrhundert. Die Speisekarte ist allerdings glücklicherweise auf dem neuesten Stand und bietet neben regionalen Gerichten auch hausgemachte Nudeln und Vegetarisches.

Ratskeller
Marktplatz 10
38259 Salzgitter
T. 05341 30 13 20
www.ratskellersalzgitter.de
Di–Sa 12–15 Uhr und 18–21.30, So 12–15 Uhr
Anfahrt: zu Fuß vomBahnhof Salzgitter-Bad

18 Entdecken Bad

Dem Kanzler zu Ehren

Als Ende des 19. Jahrhunderts die Verklärung des ehemaligen Reichskanzlers Fürst Otto von Bismarck begann, entstanden in ganz Deutschland Denkmäler für ihn – und die Bismarcktürme, die vielleicht die wirkliche oder vermeintliche Weitsicht des Politikers symbolisieren sollten. Wie dem auch sei: Vom Bismarckturm bei Salzgitter-Bad hat man einen hervorragenden Blick auf die Stadt und das Harzvorland. Und der Aufstieg lohnt sich auch deshalb, weil die (nachts beleuchtete) Stein- und Metallkonstruktion auch bautechnisch ein echter Genuss ist. Vom Bismarckturm gehen mehrere Wanderwege ab – wer sich nach einem längeren (oder kürzeren) Spaziergang stärken möchte, kann dies im gleichnamigen Ausflugslokal zu Füßen des Turms.

Bismarckturm
Bismarckturm 1
38259 Salzgitter
T. 05341 328 69
www.bismarckturm-salzgitter.de
Fr 14–20 Uhr, Sa–So 10–20 Uhr
Anfahrt: über Salzgitter-Bad, dort Auschilerung folgen

19 Erleben
Bad

Kultur in Kniestedt

Kabarett und Konzert – das sind die beiden Eckpfeiler der (ehemaligen) Kniestedter Kirche. Wie schön es hier ist, hat sich weit herumgesprochen, sodass sogar Größen wie Arnulf Rating und Henning Venske hier in der vermeintlichen Provinz auftreten.

Veranstaltungshaus Kniestedter Kirche
Braunschweiger Straße 133
38259 Salzgitter
T. 05341 39 60 21
www.kniki.de
Anfahrt: Haltestelle Salzgitter-Bad Kniestedter Kirche

20 Genießen
Bad

Für den großen kleinen Hunger

Mitten im Vöppstedter Erbschaftsforst ist dieses wunderschöne Fachwerkhaus mit Biergarten und Terrasse zu finden. Offen gehandelter Geheimtipp des Ausflugslokals ist die vorzügliche Currywurst.

Waldgaststätte Hasenspring
Hasenspringweg 136
T. 05341 313 35
Di–Fr 14–0 Uhr, Sa–So 11–0 Uhr
Anfahrt: über Salzgitter-Bad, , dem Hasenspringweg folgen bis zur Waldgaststätte

21 Genießen
Osterlinde

Kunst und Kuchen

Dieses Landcafé ist barrierefrei, bietet hausgemachte Kuchen und Torten, eine Terrasse, einen Kräutergarten und kleine Kunstausstellungen.

Osterlinder Landcafé
Osterlinder Straße 31
38228 Salzgitter
T. 05341 582 24
www.osterlinder-landcafe.de
Fr–So 14–18 Uhr
Anfahrt: Haltestelle Osterlinde Kaninchenberg

22 Entdecken Baddeckenstedt

Rundschloss

Das Schloss Oelber befindet sich seit dem frühen Mittelalter im Besitz der Familie von Cramm. Der runde Grundriss der Burg geht schon in diese Zeit zurück, auch wenn um 1580 verschiedene Umbauten vorgenommen wurden, die dem Schloss sein heutiges Aussehen verleihen. Daher die Mischung aus einem mittelalterlichen Rundbau mit Renaissance-Fassade. Heute darf das Schloss mit Fug und Recht als einer der schönsten Veranstaltungsorte der Region gelten. Besonders beliebt sind die Kunst- und Antiquitätentage AntikKulinaria (samt Oldtimertreffen), das SchlossAkkord Musikfestival und der Christkindlmarkt. Baddeckenstedt gehört übrigens nicht zur Stadt Salzgitter, sondern ist eine Exklave des Landkreises Wolfenbüttel – so abgeschieden und doch so schön!

Schloss Oelber

Am weißen Wege, Rittergut 1
38271 Baddeckenstedt
T. 05345 663
www.schloss-oelber.de
Anfahrt: Haltestelle Oelber Am Schloss

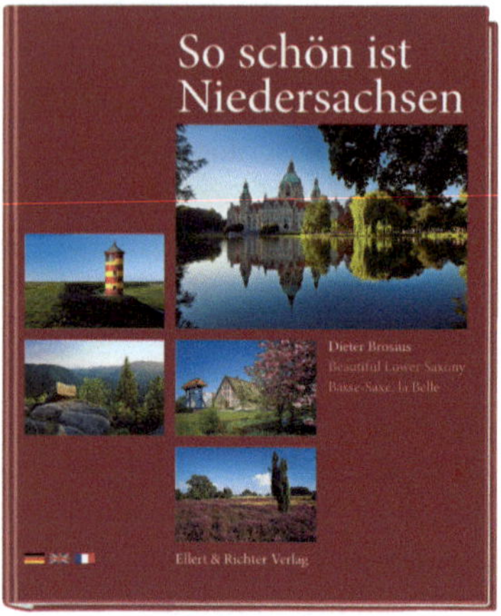

Dieter Brosius

So schön ist Niedersachsen

128 Seiten, 125 Abbildungen
dreisprachig: deutsch/
englisch/französisch

Ellert & Richter Verlag
ISBN 978-3-8319-0499-0
€ 19,95

Das zweitgrößte deutsche Bundesland hat zahlreiche landschaftliche Attraktionen zu bieten. Neben Meer und Küste gibt es sanfte Flüsse und sagenumwobene Mittelgebirge, platte Marschlande und feuchte Moore.
Es sind atemberaubende Bilder entstanden, die Lust auf Niedersachsen, seine unterschiedlichen Regionen, seine landschaftlichen Schönheiten und Kulturdenkmale machen.

Titelabbildungen:
Jörg Axel Fischer: o.l., Wikimedia commons (Tilman2007): o.r., Huber images: m.l., u.m., u.r., Thorsten Krüger: u.l., m.r.

Abbildungen Innenteil
Axel Klingenberg:
12, 20, 35, 35 (2), 37, 44, 45, 51, 60, 66, 85, 131, 153

Thorsten Krüger:
10, 11, 13, 15, 17, 22, 25, 27, 31, 32, 33, 40, 42, 43, 47

wikimedia commons:
(Helmlechner) 18, (Heinz Kudalla) 24, (Brunswyk) 36, 57, 73, 150, (Vanelius) 39, 174, 175, 185, (Claus Cordes) 46, (Roll Stone) 52, (Verograph) 55, 59, 78, 86, 87, (Igge) 62, 82, (TeWeBs) 63, 75, 76, 92, 199, 205, (Okernick) 69, 139, (Radler59) 72, 148, (Muschelschubser) 74, (Donkey shot) 76, (Camera location) 84, (Bin im Garten) 89, (Tilman) 96, (Losch) 97, 98, 101, 102, 193, 198, (Peter Menzner) 103, (Chris06) 107, (Reise Reise) 109, (Carsten Schrader) 111, (Ralf Roletschek) 115, (Ballon-sz.de) 117, (Elmschrat) 122, 125, (Axel Hindemith) 130, 168, 176, 179, 186, 203, 215, 221, (PtrQs) 129, (Michel Schauch) 135, (Markscheider) 140, (Times) 145, 146, 149 li, (Jorge Royan) 156, (Richard Bartz) 157, 160, 188, (Acasis) 162, (Zahlenmonster) 165, (Kintaiyo) 167, (Christian Gänshirt) 169, (JürnC) 178, (WolfsburgAG) 180, 181, (funky1opti) 182, (Kirchenfan) 187, 216, (Ziko van Dijk) 189, (Sebman81) 202, (Clemensfranz) 207, (Holbein66) 210, (Keihuli) 211, (Udo Leiser) 212, (Tim Schredder) 213, (Johamar) 214, 218, (B.Thomas95) 217, (Prekario) 219,

Fotolia:
(kgdad) 80, (wilfdie) 99, (aro49) 112, (purelife-pictures) 128, (ArTo) 144, (Blickfang) 159, (BildPix.de) 183

Kunsthaus BBK: 64
Stadt Wolfenbüttel: 103, 119 (C. Bierwagen)
Geopark-Infozentraum (H. Preller): 127
Kärntner Stub'n: 132
Landgasthof Lindenhof: 133
Volkswagen Aktiengesellschaft 173
Compagnie DCA_Philippe Decouflé: 195

Der Verlag dankt allen, die uns für dieses Buch Bild- und Textmaterial zur Verfügung gestellt haben. Trotz aller Bemühungen ist es uns aber bei einigen wenigen Fotografien nicht gelungen , die Urheber zu ermitteln. Wir bitten diese, sich gegebenenfalls mit uns in Verbindung zu setzen.
Alle Angabe in diesem Buch wurden gewissenhaft geprüft. Preise, Öffnungszeiten etc. können sich aber schnell ändern. Daher können Autoren und Verlag keine Gewähr für die Richtigkeit übernehmen.

Stand: April 2018

Für Anregungen, Berichtigungen und Ergänzungsvorschläge sind wir dankbar. Bitte senden Sie diese per Email an:
info@axel-klingenberg.de

Bibliografische Information der Deutschen Nationalbibliothek
Die Deutsche Nationalbibliothek verzeichnet diese Publikation in der Deutschen Nationalbibliografie; detaillierte bibliografische Daten sind im Internet über http://dnb.d-nb.de abrufbar.

ISBN 978-3-8319-0721-2

Redaktion: Claudia Hönck, Sophie Niemann
Gestaltung: BrucknerAping, Büro für Gestaltung GbR, Bremen
Kartografie: Datenquelle: Stadt Braunschweig – Open GeoData, 2018, Lizenz: dl-de/by-2-0
Gesamtherstellung: CPI books GmbH, Leck

www.ellert-richter.de
www.facebook.com/EllertRichterVerlag

Tarifzonen und Preisstufen

am Beispiel der Einstiegstarifzone 40 (Braunschweig)

Verkehrsverbund Region Braunschweig

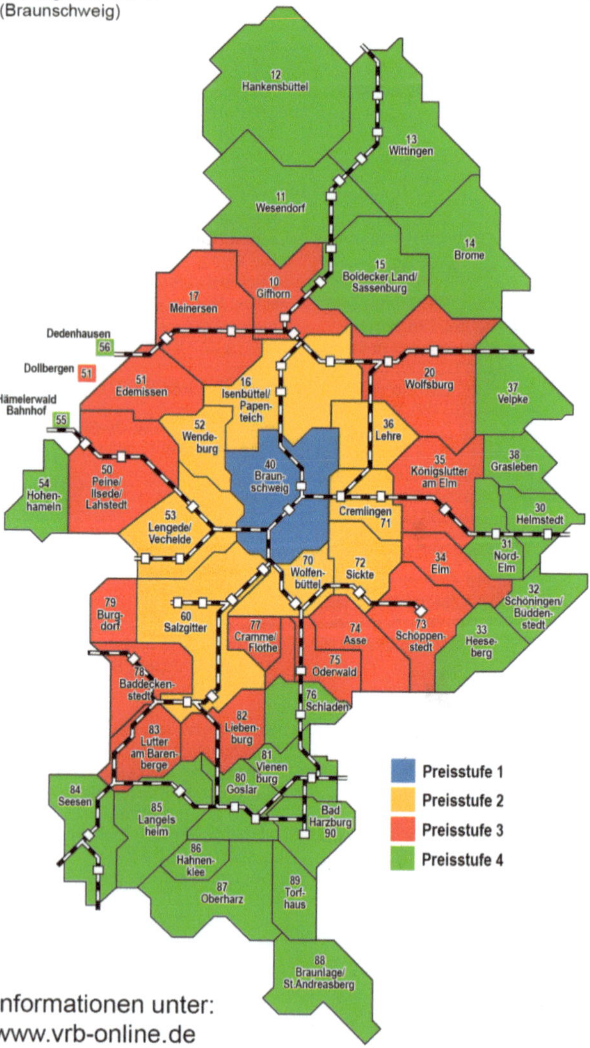

Informationen unter:
www.vrb-online.de